P. LADISLAS DE VANNES

[illegible]ère Marie [illegible] Sainte-Claire

[illegible]

[illegible] [illegible]erge de M[illegible]

BL[illegible]

[illegible] LA MAISON [illegible]

190[illegible]

LA

MÈRE MARIE SAINTE-CLAIRE

ET LES

Franciscaines Servantes de Marie

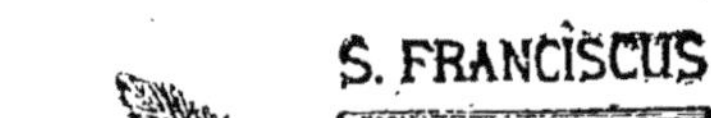
S. FRANCISCUS

SCRIPSIMUS
DELECTATI
TUA DULCI MEMORIA

P. LADISLAS DE VANNES
DES FRÈRES-MINEURS CAPUCINS

La Mère Marie Sainte-Claire

(Marie-Virginie Vaslin)

ET LES

FRANCISCAINES SERVANTES DE MARIE

BLOIS
A LA MAISON-MÈRE

1907

DÉCLARATION

Pour nous conformer aux décrets du Pape Urbain VIII, nous déclarons ne vouloir en rien préjuger dans cet opuscule le sentiment de l'Église. Nous le soumettons entièrement à son jugement, n'attachant aux qualificatifs donnés à la Mère Sainte-Claire qu'une valeur purement humaine.

Avec permission des Supérieurs.

MÈRE MARIE SAINTE-CLAIRE

(Marie-Virginie Vaslin.)

LA

Mère Marie Sainte-Claire

ET LES

Franciscaines Servantes de Marie

CHAPITRE PREMIER

L'ENFANCE ET LA VOCATION

(1820-1852)

La Révolution, avec la violence d'une tempête, avait abattu, déraciné les arbres séculaires de la vie religieuse. L'Église de France sous l'égide du concordat se releva promptement sur les ruines accumulées, mais les congrégations religieuses n'avaient pas été comprises dans ce traité de paix. Ce qu'il y a pourtant d'admirable, c'est la fécondité religieuse du XIXe siècle. Ici, là, selon les besoins de l'heure présente, surgit une congrégation, vivant en marge du concordat, sans l'appui du bras séculier, sous le couvert de la liberté.

Dieu, pour cette œuvre de restauration, a choisi ses instruments dans tous les rangs de la société. La noblesse, la bourgeoisie ont donné de leur sang pour créer des instituts d'enseignement et de prière; le peuple a ses élus comme Jeanne Jugan et autres qui ont tracé des sillons fécondés par la grâce au delà des prévisions humaines. Plusieurs sont à la veille de recevoir sur la terre le couronnement suprême d'une vie sainte : les honneurs des autels.

C'est l'existence et l'œuvre d'une de ces âmes que nous voulons tracer en quelques pages.

Que le lecteur pardonne à l'historien si, dans cette esquisse, les détails de vie intime ou d'action extérieure ne sont pas plus abondants. Combien d'âmes vertueuses dépensent toutes leurs énergies à faire du bien à leurs semblables et ne demandent en retour que l'oubli et l'obscurité ! Telle fut Marie-Virginie Vaslin, en religion Révérende Mère Marie Sainte-Claire, fondatrice des Franciscaines Servantes de Marie. Cet esprit d'humilité s'est transmis à sa Congrégation, et l'histoire de l'une et de l'autre se burine chaque jour, dans des œuvres de dévouement obscur, sans souci de les inscrire dans des mémoires ou des souvenirs qui sont les trésors de l'écrivain.

Marie-Virginie Vaslin naquit à Ruillé-sur-Loir, le 28 avril 1820. Son père, Alexis Vaslin, sa mère Renée Landereau appartenaient à cette forte race des campagnes qui unit aux labeurs pénibles des champs la pratique des devoirs chrétiens. Étaient-ils métayers, ou de position plus humble encore, ouvriers agricoles gagés à la journée, nous l'ignorons. L'acte de baptême de Virginie Vaslin donne à son père la profession de cultivateur, et aucun autre document ne vient déterminer l'état de fortune des parents.

Marie-Virginie reçut au foyer paternel les empreintes de la piété familiale ; les cérémonies et les enseignements de l'Église souriaient à son cœur d'enfant et captivèrent ses premières années. Elle était toujours la première présente aux réunions du catéchisme, et toujours la première par les succès remportés. Comme à cette époque, les paroisses des campagnes avaient conservé quelque teinte de la rigidité du Jansénisme, il est évident que la régularité et l'ardeur dépensée par Marie-Virginie à l'étude des obligations chrétiennes, présageaient une sérieuse préparation à l'acte important de sa première communion. Le Sauveur répondit à ses efforts par des grâces de choix. A cette première rencontre de son cœur avec le Cœur de Jésus remonte son esprit de prière et de recueillement, évident à tous les yeux. Aucune difficulté de la vie n'amoindrira ce don du ciel. Le Sauveur la préparait ainsi, par des voies incompréhensibles mais toujours providentielles, à sa mission future.

Virginie grandissait en âge et en sagesse aux yeux de tous, lorsque l'épreuve vint s'abattre sur son âme, encore embaumée des fraîcheurs de sa première communion. La mort frappa à la porte des Vaslin et ravit à l'affection des enfants leur mère bien-aimée. Cette perte fut vivement sentie. Virginie passa de l'école à l'apprentissage du dévouement et de la souffrance. Comme aînée de la famille, elle fut chargée des soins du ménage et de la surveillance d'un frère et d'une sœur. Sans s'effrayer, elle se mit à l'œuvre, suppléa selon ses forces la mère disparue, et trouva plus d'un souci dans l'activité turbulente des deux plus jeunes. Ainsi sacrifiée aux nécessités de l'existence, Virginie n'eut jamais qu'une instruction primaire assez restreinte. Combien de temps dura cette situation difficile pour une adolescente ? Nous l'ignorons, mais elle ne s'éclaircit que pour se compliquer.

Alexis Vaslin contracta un second mariage. La nouvelle épouse devait prendre la direction de la maison, dès lors le rôle de Virginie dans l'intérieur de la famille devenait sans objet ; par ailleurs, de santé frêle et délicate, elle ne pouvait être à son père d'un grand secours dans les travaux des champs. Alexis Vaslin se résolut à se séparer de sa fille aînée, capable à ses yeux de gagner sa vie. Virginie fut alors placée en service dans la famille Gruau, à Vancé ; par son amabilité, son dévouement, sa piété, elle gagna tous les cœurs de ce milieu chrétien. Les enfants l'aidèrent plus tard dans ses œuvres de dévouement, et lui restèrent fidèlement attachés jusqu'à son dernier jour.

C'est sans doute pendant son séjour dans cette pieuse famille qu'elle ressentit les premiers attraits de vie religieuse. La piété, le recueillement l'avaient prédisposée à entendre les appels divins. Pour y répondre, la bonne Virginie, comme on l'appelait, quitta Vancé, dit adieu à ses parents, à ses bons maîtres et à leurs enfants, pour aller en 1843, à Auneaux, diocèse de Chartres, faire un essai de vie religieuse ; elle avait vingt-trois ans ; de faible santé et sans dot, elle fut pourtant admise au postulat et à la prise d'habit.

Cette communauté d'Auneaux était en formation ; aux rigueurs de la clôture, elle joignait l'œuvre de l'enseignement, mais elle végétait, faute de sujets et de ressources. L'autorité ecclésiastique, la voyant se débattre dans une situation sans lendemain, en arriva à prononcer la dissolution. L'évêque, Mgr Clauzel de Montals, voulut, dans sa sollicitude pastorale, garder à Dieu les âmes qu'il avait choisies ; les religieuses furent placées dans des communautés plus prospères. C'est ainsi que Virginie Vaslin trouva un refuge à Chartres, dans une maison de gardes-malades. La perspective d'aller soigner les malades à domicile ne répondait pas à ses inclinations et à ses désirs personnels, elle ne fit que passer à Chartres.

Le souvenir de sa première communauté resta toujours vivant dans son cœur. Ces jours de solitude et de contemplation, soutenus par une généreuse ferveur, adoucis par des joies spirituelles savourées avec délices, avaient rempli son âme d'un avant-goût du bonheur du ciel ; à de longues années de distance, le souvenir de cette enfance religieuse ravivait, avec le même élan, ses premiers sentiments et lui arrachait encore des larmes de bonheur.

La Providence ne la voulait ni à Auneaux, ni dans la communauté des gardes-malades de Chartres ; cet essai de vie religieuse avait pour but dans les desseins de Dieu de l'instruire des vertus et des pratiques nécessaires aux âmes qui lui seront confiées.

Virginie Vaslin, en quittant la communauté de Chartres, se trouvait rejetée dans le monde, loin de tout ce qu'elle avait désiré et goûté. Sa vie semblait désormais sans but, mais âme de foi avant tout, elle se confia à la Providence du Père des miséricordes, bien convaincue que les volontés divines se réalisent toujours si la créature n'y met pas volontairement obstacle. C'est pourquoi elle garda dans son cœur ses souvenirs du cloître, son désir de vie religieuse et le secret espoir d'abriter sa vertu dans une autre communauté. De Chartres, Virginie Vaslin passa à Tours et se mit en service pour subvenir à ses nécessités. Une situation moins précaire et plus en harmonie avec ses dispositions intérieures lui fut offerte peu après au Bon-Pasteur de cette ville. Si elle l'accepta, ce n'est pas assurément en qualité de postulante, mais comme auxiliaire chargée de la surveillance d'une classe de détenues. Elle retrouvait dans cette maison quelques avantages de la vie religieuse ; loin de la dissipation du monde, elle se plaisait à faire ses dévotions dans la chapelle du Bon-Pasteur, et à y invoquer Notre-Dame des Miracles, dévotion qu'elle conservera toute sa vie.

La maladie, en s'abattant sur elle, arrêta ses travaux et la contraignit à un changement de situation. Elle fut transportée, croit-on, au Petit-Hôpital. Il est certain du moins que des religieuses dévouées se trouvaient près d'elle pour la soigner.

Virginie se montra aussi édifiante dans la souffrance que dans la santé. La maladie suivit son cours ; un moment vint où tous les symptômes de la mort se manifestèrent avec l'absence de pulsations et la rigidité cadavérique. Les religieuses gardes-malades estimaient cette solution insolite et extraordinaire ; pendant trois jours, elles n'en soufflèrent mot au médecin, bien convaincues que la mort n'était pas réelle.

C'était, en effet, la mystérieuse léthargie.

L'intelligence de la malade resta lucide, et le Sauveur, pendant cette absence de toute vie extérieure, lui traça sa voie d'une manière merveilleuse.

Virginie Vaslin raconta plus tard à ses premières compagnes cette manifestation de la volonté divine que les événements ont confirmé. Voici ce récit tel qu'il nous a été transmis : « Elle se vit transportée au milieu d'une plaine, remplie d'une foule de personnes de toutes les conditions.

« Un grand personnage faisait ranger tout ce

peuple en trois camps : Une partie était richement habillée, une autre moins somptueuse, enfin, un troisième groupe plus nombreux était composé de gens déguenillés, de pauvres, de vieillards, d'orphelins, de miséreux de toute sorte, tous ceux, en un mot, qui inspirent la pitié et la commisération. Virginie se sentit pressée à se ranger vers cette dernière catégorie, se demandant quel pouvait bien être la signification de ces trois camps.

« Le grand personnage l'aborde, lui fait voir le groupe des personnes de la société somptueusement habillées, ne pensant qu'aux choses temporelles, et négligeant le salut de leurs âmes qui pourtant ont coûté si cher à Notre-Seigneur : son sang et sa vie.

« Ce personnage mystérieux — Virginie resta convaincue que c'était un ange — lui dit, avec une bonté qu'elle ne pouvait exprimer, que toute cette foule était des âmes à sauver. Pour lui, il était le messager chargé de lui dire de la part de Dieu que ces âmes n'obtiendraient leur salut que par elle.

« Virginie fut troublée et vivement impressionnée par ce message. S'adressant alors au personnage céleste, elle demanda ce qu'elle devait faire. Il lui fut répondu de ne pas se troubler... que Dieu avait des desseins sur elle, et elle vit la Congrégation qu'elle était appelée à fonder. Dieu lui adjoindrait des compagnes pour l'aider dans la mission qu'elle avait à remplir. »

Tous les détails de cette scène mystérieuse resteront profondément gravés dans l'esprit de Virginie Vaslin, mais elle les gardera comme un secret, en sortant de cette léthargie extraordinaire. A ses propres yeux, la voie commune était plus sûre, et elle n'aurait jamais voulu se prévaloir, dans sa conduite, de cette révélation qu'elle tenait plutôt pour un rêve ; elle laissera donc à Dieu de la guider et de préparer les événements, sans mettre obstacle à ses volontés. Le Seigneur n'abandonnant jamais ses desseins de miséricorde lui donnera bientôt un signe évident de la vérité de cette révélation.

En effet, quelques mois après avoir retrouvé la santé, Virginie apprit que sa sœur était gravement malade. N'écoutant alors que son dévouement et son affection pour celle-ci, elle partit aussitôt lui porter ses soins et sa tendresse. Or, à cette époque, des missionnaires donnaient les exercices spirituels dans la même paroisse. L'un d'eux, le P. Julien Gautier était considéré comme un saint. Formé à l'école de son oncle, René-Pierre Gautier, curé de Trans, qui fut déporté en Angleterre au temps de la Révolution, il avait hérité de sa foi et de ses vertus sacerdotales (1).

1. Le P. J. Gautier avait été pendant dix ans (1830-1840) aumônier du monastère des Carmélites du Mans. Il fut un des premiers à s'unir au P. Moreau dans la fondation de la Congrégation de Sainte-Croix; il en faisait encore partie, croyons-nous, à l'époque où il donnait la mission dont nous parlons. Il s'en sépara pour travailler avec le P. Cottereau à la fondation des

Ce missionnaire ne pouvait goûter un sermon où ne se trouvait pas le nom béni de Jésus. Lui-même le disait et le répétait avec une onction touchante et un zézaiement caractéristique. Les populations au milieu desquelles il passait, imitant son léger défaut de prononciation, l'appelaient familièrement « le *Petit Zésus*, » ou « le petit Gautier », pour le distinguer de son oncle. Ce saint prêtre était très apte à reconnaître l'action de Dieu sur les âmes, il fut le directeur de conscience de plusieurs personnes privilégiées (1).

C'est à lui que Virginie s'adressa pour se confesser pendant la mission. Le P. Gautier lui était inconnu ; toutefois, par un phénomène de réminiscence, il lui semblait l'avoir vu ailleurs, sans plus de précision. Le confesseur se trouvait dans les mêmes dispositions, mais il reconnut Virginie Vaslin et l'appela par son nom : « Voilà longtemps que je prie, lui dit-il, avec le désir de vous rencontrer et de vous entretenir

missionnaires diocésains du Mans, dans des maisons attenantes à l'ancienne abbatiale de Saint-Vincent. Ces missionnaires passèrent en 1860 à Notre-Dame-du-Chêne et en prirent leur dénomination. Le P. Gautier acheta le champ où se trouve aujourd'hui la maison des missionnaires. Il mourut saintement, le 25 janvier 1877, dans sa quatre-vingt-troisième année.

1. Sa première pénitente fut Mlle Emilie Mézerette qu'il dirigea vers un monastère de Trappistines. Le P. Gautier a publié sur elle une notice : *Détails sur la vie et la mort de la Mère Marie-Antoinette, religieuse trappistine de la Cour-Petral*. — Chez Durand à Chartres, 1876, in-8 de 109 pages.

des desseins de Dieu sur vous. Pourquoi différer plus longtemps de mettre à exécution ce qui vous a été révélé. »

A la grande surprise de sa pénitente, le Père Gautier lui raconta par le détail ce qu'elle avait vu et entendu dans son sommeil léthargique. Il ajouta : « Ce n'est pas un rêve, il s'agit du salut des âmes. »

Le saint missionnaire avait donc reçu directement du ciel la manifestation de la volonté de Dieu.

Virginie, dans son humilité, s'effraya de cette mission divine : « Je n'ai rien de ce qu'il faut pour fonder une Congrégation. J'ai toujours repoussé cette pensée comme une tentation d'orgueil et jamais je n'aurais osé la communiquer à un confesseur. »

C'était l'aveu de l'humilité. Le P. Gautier insista, car la conversion des pécheurs et le salut des âmes étaient en jeu, mieux encore, il lui traça son sillon en lui montrant, comme champ d'action et d'apostolat, le petit monde des servantes, des domestiques, dont personne ne s'occupait. Que de bien à faire dans cette classe nombreuse des déshérités : les préserver des dangers de leur situation, les protéger, les soutenir, les encourager et les consoler dans leurs difficultés morales ; leur fournir un abri quand elles se trouvent sans place ; leur faire aimer leur position ; les enseigner et les instruire de leurs devoirs d'état et de leurs obligations chrétiennes.

De cet entretien intime date l'idée première de l'*Œuvre des domestiques.*

Virginie Vaslin en recueillit encore la conviction certaine de la volonté de Dieu. Mais la pensée de sa faiblesse et de son impuissance atténuait pourtant cette persuasion ; pendant deux ans, elle restera ballottée entre la soumission demandée et les obstacles de son incapacité, ne pouvant se résoudre à commencer l'œuvre entrevue.

La divine Providence, spectatrice de cette lutte intime sans résistance ouverte, lui ménagea alors une deuxième rencontre imprévue avec le P. Gautier. Le saint missionnaire insista de nouveau en tenant le même langage, mais, en voyant l'indécision se prolonger, il recourut aux paroles de sévérité : « Vous répondrez devant Dieu, dit-il à Virginie, des âmes qui se perdraient par votre faute. »

L'appréhension d'une pareille responsabilité a toujours brisé les humbles hésitations des saints ; cette fois encore, le coup décisif était porté, et Virginie, foulant aux pieds ses répugnances, allait se livrer aux mains de Dieu, comme un instrument docile pour exécuter ses volontés.

Nous ne savons par suite de quelles circonstances Virginie Vaslin se rendit alors à Blois. Elle y avait trouvé une place de servante chez un docteur médecin, âgé, vivant seul, qui lui laissa toute liberté pour ses exercices et devoirs de piété. Que pouvait-elle faire dans cette humble position, sans ressources et sans appui pour susciter l'œuvre de Dieu? L'entreprise ne pouvait être que folie selon la prudence humaine, mais le Seigneur prend pour levier de sa puissance ce qui ne compte pas aux yeux des hommes. C'est à Blois que Virginie Vaslin va commencer à réaliser sa révélation de Tours et obéir aux conseils pressants du petit Père Gautier.

CHAPITRE II

PREMIERS DÉBUTS. — PREMIÈRES ÉPREUVES

(1852-1854)

Blois est la plus pittoresque des villes couchées sur les rives de la Loire. Ses maisons, ses palais, ses jardins suspendus s'étagent en amphithéâtre sur le coteau formant lisière aux plaines de la Beauce, et se mirent dans les flots argentés du fleuve. Tout voyageur est captivé par ce panorama séduisant. Sa situation pourtant fait toute sa beauté, et la tient à l'abri des transformations et du mouvement des villes modernes; rien ne peut modifier son cachet archaïque. Blois est un rendez-vous pour les touristes amateurs d'antiquités; le célèbre château les attire par ses sculptures idéales et ses drames historiques; les vieilles rues étroites, tortueuses, dominées par des façades à pignon, aux sculptures fantastiques noircies par le temps sont encore les témoins d'une gloire éteinte. C'est une ville sombre et triste surtout dans ses quartiers bas reliés à la partie haute par des rampes, des escaliers, des rues escarpées où le piéton s'époumonne sans craindre les embarras des voitures. Les rois qui firent la gloire de cette ville semblent, en disparaissant, l'avoir enveloppée dans le linceul de leur majesté.

Virginie Vaslin, en arrivant à Blois, n'y portait pas certainement des idées de touriste. Les gloires et les richesses du passé lui étaient indifférentes; elle venait, conduite par la main de Dieu, ayant pour tout trésor les richesses de sa foi et de son dévouement, pour faire œuvre nouvelle, œuvre d'avenir, au sein de la vieille ville.

Inconnue, sans appui, sans fortune, que pouvait-elle faire? Mais il est écrit que les œuvres de Dieu sont la confusion de la sagesse des hommes. Une fois de plus, cette parole sortira son effet. Loin de chercher des protecteurs et des patronages auprès des riches, Virginie se contenta d'édifier par ses bons exemples les jeunes filles de sa condition. Sa conduite pieuse, exemplaire, dévouée, et son caractère enjoué lui gagnèrent rapidement les sympathies de quelques compagnes. C'est dans l'intimité de ce cercle restreint qu'elle dévoila peu à peu l'œuvre entrevue, ses projets de dévouement et confessa ses résistances aux appels de Dieu.

Ces confidences peu ordinaires, soutenues, confirmées par des vertus peu communes créèrent bien vite un courant d'enthousiasme parmi les domestiques. Leur intérêt concordant avec leur sympathie, ces bonnes filles pressèrent Virginie de se mettre à l'œuvre, lui firent mille belles promesses de l'aider dans ses débuts, de prendre sur leur pauvreté les frais du loyer et des premiers ustensiles du ménage. Sa maison serait leur maison, leur refuge dans les jours de détresse, leur lieu de réunion et de récréation dans leurs moments de loisir. La seule pensée de l'Œuvre des domestiques répondait trop à des nécessités quotidiennes pour les laisser indifférentes.

L'appui unanime de ses compagnes était pour Virginie une pressante invitation à commencer. Il lui fallut pourtant quelques mois pour triompher de ses dernières hésitations. La voix de sa conscience soutenue par ces encouragements réitérés finit par renverser les obstacles de son humilité. La prière surtout, à cette heure décisive, fut sa ressource suprême, elle demandait au ciel des lumières et des forces pour connaître et exécuter la volonté de Dieu.

Un incident, minime en apparence, allait lui ouvrir la voie et mettre son entreprise sous la protection de l'Église.

Virginie, avant de prendre une décision, voulut intéresser à sa cause les saintes âmes du purgatoire, par une neuvaine de messes célébrées à leur intention. Six messes lui étaient promises, mais les prêtres engagés par d'autres obligations ne pouvaient compléter la neuvaine sans interruption. Virginie ne sachant plus à qui s'adresser, alla trouver le secrétaire de l'évêché qu'elle ne connaissait pas, et lui expliqua très naïvement son embarras. Son grand esprit de foi se trahissait dans ses paroles.

Le secrétaire, M. l'abbé Venot, l'appréciant

en homme de Dieu, mit fin à ses perplexités du moment : « Mon enfant, lui dit-il, vous auriez dû venir me trouver plus tôt, je me serais arrangé pour vous donner mes intentions de messe pendant neuf jours. Je vais finir votre neuvaine, et je vous promets de continuer de prier à vos intentions. Si vous avez des difficultés, je serai toujours à votre disposition. »

Ce digne ecclésiastique, que les habitants de Blois appellent encore « le bon M. Venot », en souvenir de ses vertus sacerdotales, allait devenir pour Virginie et pour son œuvre, un père et un protecteur dévoué. Cette première entrevue fut le point de départ de relations suivies, et la source d'une intervention efficace auprès de l'évêque dans les moments difficiles. Virginie, en effet, usa largement des avances de M. Venot sans jamais épuiser son amabilité et sa paternelle sollicitude.

Après la neuvaine aux âmes du purgatoire, la résolution de Virginie fut prise, il fallait marcher, Dieu le voulait. Mais, toujours convaincue de son incapacité, elle compta sur Dieu même.

La location d'une mansarde dans une vieille maison en torchis de la rue Beauvoir fournit un premier abri. Virginie y entra le 10 octobre 1852. Dame Pauvreté pénétrait avec elle dans ce nouveau Bethléem; les jours héroïques de dévouement et de confiance en Dieu commençaient. Les murs dénudés d'une mansarde, cinq francs dans sa poche, et plusieurs filles sans place, sans asile, demandant à partager son logement, voilà les premières richesses de Virginie. N'était-ce pas folie aux yeux des hommes d'entreprendre une œuvre d'avenir avec pareil dénûment? Mais Dieu se plaît à bâtir ses œuvres vivantes sur le fondement de la pauvreté.

Les compagnes enthousiastes de Virginie, fidèles à leurs promesses, lui donnèrent leur dévouement, à défaut de secours pécuniaires, car leurs richesses étaient aussi restreintes que les siennes. Elles se firent quêteuses pour la circonstance, demandant à leurs maîtres et maîtresses de faire abandon d'objets déjà au rebut pour meubler la pauvre mansarde. Alors, les écuelles et assiettes ébréchées, les ustensiles de cuisine hors d'usage retrouvèrent une place d'honneur dans ce nouveau palais de la pauvreté. L'indispensable fut bientôt trouvé et rajeuni dans un service quotidien. Virginie elle-même participa à la transformation, on ne l'appela plus que Sœur Virginie.

Cette appellation n'était pourtant qu'un nom d'espérance, car l'Église n'était pas intervenue, pour consacrer de son autorité l'œuvre naissante. Mieux que le nom, Virginie voulait la réalité en se faisant la sœur et la servante des domestiques. Sans plus tarder, elle commença son apostolat. La première au réveil, la première à la peine, elle donnait aux premières domestiques reçues sous son toit, les trésors de son cœur, de sa foi et de son dévouement. La mansarde n'était pourtant, en ces premiers jours, qu'un hôtel de nuit sanctifié par les prières du matin et du soir. Pendant le jour, Sœur Virginie allait louer son travail, comme les domestiques, pour subvenir à leurs besoins, ou s'occupait de leur trouver des places dans des familles chrétiennes.

A peine habitée, la mansarde devenait trop petite pour recevoir les domestiques sans place, qui demandaient pourtant leur part de la chambre commune. C'était à leurs yeux comme un bien de famille. Il fallait donc élargir les murs. Sœur Virginie recourut à la charité d'une dame de la ville, qui trouva un local plus grand dans la rue du Bourgneuf. Les unes et les autres demandèrent, comme aumône, des vieux bois de lit qu'elles garnirent de paille et d'un matelas de mousse. Les draps, les couvertures furent empruntés, et les robes servirent de couvre-pieds pendant l'hiver. Ce local fut occupé du mois de décembre 1852 jusqu'au mois de juin 1853, car le problème d'une nouvelle émigration surgit encore devant le nombre croissant des domestiques en quête de refuge. Sœur Virginie loua alors une maison, rue du Prêche, près du grand séminaire. Avec la bénédiction de Dieu, la mansarde première était remplacée par une maison de six ou sept pièces avec cave et jardin. L'Œuvre des domestiques ne devait pas arrêter là ses pérégrinations, mais n'anticipons pas.

Jusque-là, Sœur Virginie était restée seule

à la tête de l'Œuvre, elle n'avait pas d'associée voulant partager ses labeurs et son dévouement. Le 30 septembre 1853, le Seigneur lui envoya une compagne déjà formée aux pratiques de la vie religieuse. C'était une ouvrière de la ville, Émélie Crosnier. Elle avait la trempe voulue pour l'Œuvre naissante. Quatre ans auparavant elle était entrée au monastère des Bénédictines du Calvaire à Vendôme, où, pendant deux ans, elle se forma à l'austère école des vertus claustrales. La maladie avait arrêté sa course, au moment où elle devait faire profession, et l'avait rejetée dans le monde. La Providence la destinait à devenir une pierre fondamentale d'une nouvelle Congrégation. Toute sa vie pourtant, elle conserva le cachet de sa formation monacale. Dure à elle-même, elle ne redoutait pas les privations, mais n'ayant jamais été en service, elle ne connaissait pas les difficultés ni les dangers de la domesticité; cette ignorance jointe à l'austérité de son caractère explique la rigidité de ses relations avec les servantes. Elle ne connaissait que le devoir et la règle sans atténuation et sans condescendance. Cette disposition d'esprit la porta toujours à établir une forte discipline partout où elle passa; il en résultait un grand bien pour les âmes. Plusieurs servantes se souviennent encore de ses réprimandes et bénissent Dieu de l'avoir trouvée sur leur chemin.

Après Émélie Crosnier, Julie-Valérie Ribouleau vint frapper à la porte de la petite maison et demanda à faire partie de la Société naissante. Deux autres postulantes se présentèrent, mais, après un essai de plusieurs mois, elles ne purent supporter les privations et retournèrent dans le monde.

En effet, la pauvreté de ces débuts était grande et exigeait des sacrifices journaliers trop crucifiants pour une vertu ordinaire. Si la vie des associées et des domestiques n'avait pas une ligne de démarcation bien déterminée, si les travaux, les épreuves et les joies étaient partagées, cet état n'était que transitoire pour les domestiques. Celles-ci ne faisaient que passer dans la maison, heureuses de trouver un lit de repos et leurs repas préparés, et donnaient en compensation leur travail du jour. Pour Sœur Virginie et ses associés, elles supportaient les fatigues et les privations à jet continu.

Dès son installation au Bourgneuf, Sœur Virginie s'était faite blanchisseuse. Ce travail avait pour avantage d'occuper utilement les jeunes filles admises dans la maison, d'être proportionné à leurs aptitudes et à leurs occupations journalières. Il fut continué à la rue du Prêche; pénible par lui-même, il était encore rendu plus difficile par une circonstance locale. Les deux maisons, situées sur le plateau qui domine la ville, n'avaient pas de puits. Comment faire une lessive sans eau? les canalisations municipales n'existaient pas encore; restait la Loire où elle se trouvait en abondance. Il fallait descendre jusqu'à la rive par des rues escarpées, puis les remonter, portant sur leurs épaules des butets de linge mouillé. Plus d'une fois, Sœur Virginie tomba épuisée, écrasée par ces lourds fardeaux, mais elle se relevait encore plus gaie, plus généreuse, riant de ses déboires et de ses mésaventures. La fatigue et le genre de travail lui importaient peu, pourvu que la gloire de Dieu et le salut des âmes en fussent le principe et la fin.

L'esprit de foi la dirigeait en tout. C'est sous son influence qu'elle entreprit à cette époque de blanchir le linge des séminaristes pauvres. Elle tirait ainsi de son indigence des trésors de charité pour les futurs ministres des autels. C'était une œuvre nouvelle, sans bruit, sans éclat, se greffant sur le placement des bonnes, et les religieuses la continueront dans le même esprit par vénération pour leur fondatrice.

Au travail de la blanchisserie, succédait la couture ou le piquage des chaussures pour les magasins. En un mot, on s'ingéniait de toute façon pour être moins à charge aux âmes charitables s'intéressant à l'Œuvre nouvelle. Malgré ce travail acharné, les ressources nécessaires faisaient pourtant défaut, la pénurie était la compagne de tous les jours.

Les sages conseils de la prudence humaine ne manquaient pas. Sœur Virginie, respectueuse des conseils donnés, aurait pu leur répondre

Un grain de mil ferait mieux mon affaire,

car les donneurs de conseils ne sont pas les premiers à délier leur bourse. On eut néanmoins recours à un essai d'organisation pour l'Œuvre des domestiques. Une association fut établie; il était stipulé dans le règlement que les jeunes filles au-dessus de quinze ans verseraient une cotisation annuelle de cinq francs et obtiendraient en échange de cette faible rétribution le droit d'être reçues dans la maison, lorsqu'elles se trouveraient sans place. On commença à les réunir chaque dimanche. Des jeux furent organisés pour les attirer, les retenir, et ainsi les préserver de tout danger. Une loterie fut ajoutée à ces attractions, mais elle n'eut pas même un succès relatif. Les billets, par leur valeur minime de dix centimes, étaient accessibles à toutes les bourses; ils revinrent pourtant à la maison sans être placés. Dieu voulait l'Œuvre sienne, il la bâtissait sur la pauvreté et la foi, et rejetait les industries humaines qui, par leur succès, auraient voilé l'action de sa Providence.

De cet essai d'organisation, il résulta un grand bien : l'Œuvre des domestiques mérita d'attirer l'attention ecclésiastique. Elle devenait un groupement chrétien, demandant une formation et des instructions particulières. L'abbé Marchand, aumônier du refuge, voulut bien en être le directeur; ses instructions religieuses données tous les quinze jours contribuèrent beaucoup à maintenir et à développer les réunions dominicales.

Si le spirituel y avait gagné, le temporel restait toujours précaire. Comme le nombre des bonnes hospitalisées dans la maison augmentait de jour en jour, les petites ressources obtenues par les cotisations furent facilement épuisées. Il en fut de même du petit avoir apporté par Emélie Crosnier. Sœur Virginie se trouva de nouveau en déficit. Mais là où un homme d'affaires eut perdu la tête, la servante des servantes redoublait de confiance et comptait sur la caisse intarissable de la Providence divine. Plus d'une fois, le ciel se plut à manifester son intervention.

Dans la maison de la rue du Prêche, elle avait, d'une petite pièce, fait son oratoire : sur un petit autel se dressait une statue de saint Joseph. « C'est mon pourvoyeur, disait-elle à ses visiteurs, mais parfois il me met à l'épreuve. » Nous savons que, dans les moments critiques, elle s'adressait au Saint avec une familiarité charmante, lui faisait d'aimables reproches sur sa surdité d'homme qui ne veut pas entendre ; aux reproches succédaient les menaces d'abandonner l'Œuvre si le bon Saint continuait à faire le sourd. Le céleste pourvoyeur se laissait toucher.

En 1855, le pain était cher dans toute la France, Sœur Virginie devait deux cents francs au boulanger. Comment faire ? Saint Joseph faisait le sourd à toutes les prières. Alors, avec une confiante simplicité, elle saisit la coche du boulanger et la suspendit au cou du Saint, disant :

« C'est votre affaire, il est convenu que vous devez généralement vous charger du déficit. »

Un instant après, une dame inconnue la demandait au parloir : « Ma pauvre Virginie, dit-elle, je fais en ce moment ma tournée pour les pauvres ; comme l'hiver est rigoureux et le pain très cher, j'ai pensé à vous, voilà une petite somme. »

Sœur Virginie remercia de tout cœur et osa demander le nom de sa bienfaitrice. « Il n'est pas nécessaire que vous le sachiez, répondit-elle, dans d'autres circonstances je penserai à vous. »

L'enveloppe remise par la mystérieuse inconnue contenait les deux cents francs requis pour solder le boulanger.

Aux difficultés pécuniaires s'ajouta bientôt une épreuve plus crucifiante, où l'utilité et les avantages de l'Œuvre étaient mis en cause. C'était pour elle une question de vie ou de mort. Malgré les résultats acquis, Sœur Virginie n'avait pas gagné toutes les sympathies. Les hommes prudents, de cette prudence humaine qui contrecarre les desseins de Dieu, ne comprenaient rien à cette folie du dévouement ; les membres du clergé avaient eux-mêmes les appréhensions d'un échec prochain et tenaient pour inutile de soutenir une Œuvre sans ressources et sans espérance.

La première à souffrir de cet état d'esprit était Sœur Virginie. Son confesseur, M. Deblot, curé-archiprêtre de la cathédrale, ne lui ménageait pas les humiliations. Il la traitait fréquemment de « visionnaire, orgueilleuse, ambitieuse, ayant des prétentions de fondatrice, etc. ». Plusieurs fois, refusant de l'entendre, il ferma le guichet du confessionnal ou lui refusa l'absolution; plus encore il se fit l'écho des critiques du clergé sur sa personne et sur son Œuvre.

Cette dureté de conduite eût brisé une âme moins vertueuse, mais Sœur Virginie ne voyant pas l'homme dans le prêtre, mais le représentant de Dieu, s'adressa toujours à M. Deblot pour ses confessions. Ajoutons toutefois qu'elle trouva un point d'appui dans les conseils des Pères Jésuites, alors directeurs du grand séminaire de Blois. L'un d'eux, le P. Caubert, le futur martyr de la Commune, avait soutenu et encouragé la fondatrice et l'Œuvre naissante, alors qu'il exerçait au grand séminaire les fonctions de ministre et de procureur. Si Sœur Virginie lui confia ses secrets et sollicita ses conseils, elle resta pourtant, sur son avis, pénitente du curé de la cathédrale. Son action directrice et charitable ne fut pas de longue durée et n'eut aucune influence sur la Congrégation, car il avait quitté Blois, au mois d'octobre 1853, quelques jours seulement après l'arrivée de la première compagne de Virginie (1).

1. *La vie du R. P. Jean Caubert* (Douniol, 29, rue de Tournon, 1898), page 96, semble lui attribuer tout le mérite de la fondation et ajoute : « C'est en sa qualité de directeur de la communauté naissante qu'il rédigea une sorte de règlement ou abrégé de constitutions, et le 24 mars 1853,

Si le P. Caubert n'était plus à Blois lorsque Sœur Virginie fut aux prises avec l'opposition faite à son Œuvre par des gens de bien, nous aimons à croire qu'un autre Jésuite lui donna des conseils prudents dans ce moment critique. Plus tard, quand Sœur Virginie eut plusieurs associées, les Pères de la Compagnie de Jésus, parmi lesquels nous aimons à citer le P. Bouchot et le P. Fessard, donnèrent, chaque semaine, dans la petite maison de la rue du Prêche, des instructions appropriées aux postulantes et novices pour les former à la pratique des vertus religieuses. Cet appui temporel et spirituel donné dès la première heure est un titre à la reconnaissance perpétuelle des Servantes de Marie envers l'illustre Compagnie de Jésus.

Mgr Pallu du Parc, évêque de Blois, n'ignorait pas la situation difficile de Sœur Virginie. Les rumeurs hostiles arrivaient à ses oreilles, comme les rapports favorables de l'abbé Venot, son secrétaire. Celui-ci était tenu au courant des difficultés et des joies de la petite famille, et volontiers la soutenait de ses encouragements et de ses générosités. Sa bienveillance éprouvée ne pouvait être que d'un grand secours dans cette période critique où l'Œuvre de Sœur Vir-

les premières Servantes de Marie prononcèrent leurs vœux. » Or, à cette date, Virginie Vaslin n'avait pas de compagne, les Servantes de Marie n'avaient ni habit religieux, ni règlement défini; les premiers vœux ne furent prononcés que le 25 mars 1856.

ginie passait par le feu de la contradiction.

Monseigneur résolut de s'informer par lui-même de l'esprit de l'Œuvre et de la fondatrice. Il manda Sœur Virginie à l'évêché et eut avec elle un long entretien. Il s'enquit de la pensée première, de la naissance, des épreuves et des joies de la fondation naissante. L'illustre prélat fut aussi satisfait que touché de l'esprit de foi et de la franche simplicité de Virginie ; il la congédia en lui donnant ses bénédictions, ses encouragements paternels, et l'invita à revenir.

La parole et la décision bienveillante de l'évêque, loin de calmer l'opposition, provoqua une tempête de récriminations. Des démarches nombreuses furent faites pour mettre Monseigneur en garde contre « l'orgueilleuse, la visionnaire » sans sou ni maille, qui voulait créer une Œuvre. Que de prétextes pour étayer leurs préjugés ! C'était une prétention ridicule ! l'Œuvre retomberait à la charge du clergé !

Cette campagne d'insinuations laissa tout d'abord le prélat assez indifférent, mais, en se perpétuant et se prolongeant, elle finit par mettre la petite Société à deux doigts de sa perte.

Mgr Pallu du Parc était un homme de Dieu, ne cherchant que le bien des âmes. Dans la question de la nouvelle Congrégation encore en germe, sa conviction personnelle était faite. Il avait reconnu l'esprit de Dieu dans les projets de Virginie. Mais une décision ferme pouvait engager l'avenir ; avant de s'y résoudre, il voulut s'éclairer et connaître les raisons des adversaires ; il réunit donc son conseil et lui soumit le problème. Nous ignorons les raisons ou prétextes mis en avant, mais la conclusion fut que la petite Société serait dissoute ; l'abbé Venot fut chargé de notifier cette ordonnance. On ne pouvait lui imposer un mandat plus cruel. Sa foi, son esprit, son cœur se révoltaient à la pensée d'être l'instrument de destruction d'une Œuvre qu'il jugeait bonne et sainte selon l'esprit de Dieu. D'un autre côté, il devait exécuter l'ordre du conseil épiscopal. Quelle perplexité ! Mais cette perplexité amènera le salut.

Trois jours consécutifs, M. Venot se rendit à la maison de la rue du Prêche ; son front soucieux trahissait ses intimes préoccupations, mais il s'en retournait, le cœur plus meurtri, sans avoir pu transmettre l'ordre de Monseigneur.

Sœur Virginie, avec sa perspicacité, soupçonna quelque mystère à ces visites répétées. D'ailleurs sa nature généreuse, sans détour, et compatissante souffrait de la gêne et de la contrainte visible de l'abbé Venot, d'autant plus qu'elle avait des raisons de s'en croire l'objet. Elle fit alors les premières avances pour briser la glace.

« Monsieur l'abbé, dit-elle, qu'avez-vous à me dire ? Ne craignez pas de m'impressionner, je m'attends à tout. »

La brèche était ouverte, mais l'abbé, toujours perplexe, ne voulut pas y entrer de plain-pied. Il répondit :

« Je suis chargé d'une commission pour vous, mais je préfère que vous alliez vous-même trouver Monseigneur qui vous fera connaître ce dont il s'agit. »

Il s'exonérait ainsi, par un détour aimable, d'un ordre trop dur à sa conscience et à son cœur.

Sans tarder, Sœur Virginie se rendit à l'évêché. Monseigneur était à peu près dans les mêmes dispositions que son secrétaire ; le premier accueil fut assez froid.

« Que désirez-vous ? »

Virginie se jetant à genoux : « Je viens près de vous, Monseigneur, vous demander humblement ce qu'il y a à mon sujet ; vous pouvez le dire, Monseigneur, sans crainte de m'inquiéter, je m'attends à tout.

— M. l'abbé Venot est chargé de vous transmettre notre décision.

— Mais, Monseigneur, je suis envoyée par l'abbé Venot. »

Le prélat allait et venait dans son cabinet, visiblement troublé par cette démarche. Il était perplexe aussi, entre le maintien de la décision de son conseil et ses inclinations personnelles. Après quelques instants de lutte intérieure et de silence, il dit avec une certaine sécheresse dans le ton : « Le conseil a décidé de ne pas donner suite à votre projet, et que vous deviez vous séparer. »

Alors Virginie se releva et répondit à Sa Grandeur d'un ton humble mais convaincu :

« Monseigneur, quand même le clergé serait contre moi, si j'ai le bon Dieu pour moi, rien ne peut m'effrayer ; si je fais son œuvre, tout ira quand même. »

Cette réponse confiante et pleine d'assurance brisa la résistance peu convaincue du prélat qui, laissant de côté la décision de son conseil, termina l'entretien par ces mots : « Ma fille, continuez, je vous soutiendrai. »

A cette bonne parole, il ajouta une aumône avec sa bénédiction.

Virginie plaidant sa cause de si bonne grâce devant l'évêque de Blois décidé à ne rien entendre, et l'heureuse issue de l'entretien, tout nous semble une scène renouvelée de saint François devant l'évêque d'Imola lui refusant d'abord de prêcher, puis accordant la plus bienveillante autorisation.

L'orage était passé, la simplicité des humbles triomphait de la sagesse des prudents. Sœur Virginie, qui avait jeté tous ses soucis dans le sein du Père Éternel, n'avait pas été troublée ; M. Venot voyait la fin de sa perplexité, et se sentait le cœur à l'aise, la petite Société reprenait espoir à la vie.

CHAPITRE III

PROJET D'EXPANSION. — NOUVELLES ÉPREUVES.

(1855)

La parole d'encouragement et la promesse de soutien donnée par Mgr Pallu du Parc équivalait à une autorisation officieuse pour la maison de Blois. Divulguée sans retard, suffit-elle à calmer la malveillance et les appréhensions des pusillanimes ou des jaloux? La lutte ouverte fut du moins arrêtée, et les insinuations peu charitables se perdirent dans le murmure des conversations privées.

Toutefois, tout restait dans le *statu quo*, la solution attendue n'arrivait pas, c'est-à-dire qu'aucun acte épiscopal n'intervenait pour donner à la Société naissante la forme de congrégation. Les associées conservaient leur modeste costume du monde sans uniformité : point d'habit religieux, point de règlement autorisé ; la congrégation religieuse était sans doute en germe dans le noyau des cinq associées réunies dans la maison de la rue du Prêche au commencement de 1855, mais elle ne pouvait s'épanouir au soleil sans les bénédictions de l'Église et la consécration des vœux de religion.

La sage lenteur ecclésiastique jugeait sans doute que le sol encore mal affermi après la tempête n'était pas apte à recevoir la rosée fécondante des approbations épiscopales. Sœur Virginie, par ses saintes audaces que la raison humaine ne peut approuver qu'après leur réussite, mettra en défaut cette lenteur voulue, et précipitera les événements.

Après la décision épiscopale mettant fin aux manœuvres des opposants, la petite Association de Blois continuait à faire le bien dans la paix reconquise. Sœur Virginie voyant le péril écarté et son œuvre quelque peu raffermie, songea à l'établir dans une autre ville. Le diocèse du Mans l'attirait, elle en était originaire.

Virginie voulant se retremper dans la solitude de la retraite, gagna le chef-lieu de la Sarthe, avec l'espoir d'y rencontrer le petit P. Gautier, qui avait été pour elle l'organe des volontés de Dieu. Elle s'y était déjà rendue l'année précédente, et y fit un séjour de près d'un mois (septembre 1854). A défaut du P. Gautier, elle eut recours à M. Arcanger, vénérable chanoine de Laval, qui, avant de se retirer au Mans, avait fait un séjour à Vienne-lès-Bois, où Virginie l'avait connu. Il habitait comme pensionnaire chez une dame Martin près de la cathédrale.

Le concours de ces deux personnes fut acquis à la Sœur Virginie dès la première entrevue. Par leur intermédiaire elle fut présentée à M. le chanoine Jean Fillion. L'accueil fut des plus favorables, la pensée directrice de l'Œuvre des domestiques fut jugée et estimée d'un grand intérêt pour le bien des âmes. Le zèle des deux ecclésiastiques posa immédiatement la question d'établir au Mans une succursale de la maison de Blois. Comme le siège épiscopal était vacant par la mort de Mgr Bouvier, décédé à Rome le 28 décembre 1854, M. Fillion engagea la Sœur Virginie à profiter de cette circonstance pour se fixer sans retard dans la ville; une fois l'installation faite, disait-il, le nouvel évêque ne ferait aucune opposition. Il l'exhorta encore à se revêtir d'un habit religieux, marquant la séparation du monde et imposant le respect.

Sans plus tarder, Sœur Virginie, de concert avec le chanoine Jean Fillion, jeta son dévolu sur une maison sise rue de l'Abbaye-Saint-Vincent, suffisante pour les débuts. Le jour de l'installation fut fixé d'accord avec les deux chanoines. Tout restait pourtant à l'état de projet et de location conditionnelle.

Sœur Virginie s'était fiée à la compétence des deux ecclésiastiques; il ne lui appartenait pas de connaître si une autorisation des Vicaires capitulaires du Mans fût nécessaire pour confirmer ses projets. Ceux-ci, MM. Chevreau et Vincent, ne furent donc pas consultés. D'ailleurs, Virginie et ses compagnes ne formant pas encore une communauté religieuse, le projet d'une succursale au Mans pouvait être regardé comme une initiative particulière ne ressortissant pas des rigueurs du droit régulier. Ceci dit pour justifier les projets de Sœur Virginie d'un reproche d'irrégularité de procédure qui sera exprimé plus tard sur la fondation du Mans.

Mais une plus grosse difficulté pouvait surgir de la part de Mgr Pallu du Parc, car ces démarches avaient été faites sans son autorisation et à son insu. Sœur Virginie, qui avait obtenu la protection du prélat, lui devait toute la déférence désirable. Un mot, un ordre de lui, et la fondation du Mans était anéantie. Une opposition de sa part était à prévoir. Pour la prévenir, et avoir en même temps un point d'appui de haute valeur, elle pria M. le chanoine Jean Fillion de lui adresser à elle-même, dès son retour à Blois, une lettre confirmative du projet et demandant une solution définitive. La mesure était sage et prudente, comme nous le verrons bientôt.

Après l'accord conclu au Mans, croyons-nous, ou peut-être un peu plus tard, Sœur Virginie se rendit à Rouen sur les conseils d'un Père Jésuite. Il s'agissait d'entrer en pourparlers avec deux demoiselles, qui, animées d'un dévouement semblable, se consacraient à l'œuvre de préservation et de placement des bonnes. La maison était connue sous le nom de la directrice, Mlle Durand. Le but était la fusion possible des deux fondations similaires, provoquant ainsi une extension d'influence et une nouvelle sécurité pour l'avenir. Des divergences de vue y mirent obstacle. Mlle Durand et ses compagnes formaient une association de personnes séculières, pieuses et dévouées, mais elles refusaient de s'engager sous une règle avec des vœux; Sœur Virginie, au contraire, soupirait de toute son âme à soumettre son Œuvre à la discipline régulière.

Si la démarche n'eut aucun résultat pratique, elle ne fut pas absolument inutile. Lorsque Mlle Durand se trouva épuisée par un dévouement et un travail excédant ses forces, ne laissant après elle aucune institution stable pour continuer son œuvre, elle dut se souvenir de cette petite demoiselle qui avait sollicité la fusion des deux œuvres. Par l'entremise du R. P. Gailhard, jésuite, elle céda son établissement et son œuvre, en 1877, aux Servantes de Marie (1).

Le voyage à Rouen ne donnant aucun résultat appréciable, Sœur Virginie se hâta de rentrer à Blois, en passant par Paris, où elle visita un bureau de placement, rue du Cherche-Midi, sans y trouver d'élément pour son œuvre religieuse.

Sœur Virginie, en arrivant à la maison de la rue du Prêche, demanda audience à Mgr Pallu du Parc, et lui fit part des résultats de son voyage. Pour la ville du Mans, elle exposa les

1. Rouen est devenu, pour les Servantes de Marie, un centre florissant d'œuvres de charité; elles y comptent quatre maisons. L'histoire de ces fondations et de leurs œuvres dépassent le cadre de ce travail. Les Servantes de Marie sont très populaires à Rouen, parce qu'elles cherchent à soulager toutes les misères. La Mère Colette est particulièrement connue et estimée des pauvres et des riches. Depuis trente ans elle préside au développement des œuvres, ayant résolu en sa personne le difficile problème de réunir harmonieusement la simplicité évangélique et la finesse normande.

sympathies acquises, et les sollicitations faites pour une fondation : « Tout est convenu, ajouta-t-elle avec M. le chanoine Fillion, je n'attends plus qu'une demande définitive. »

L'évêque fut irrité de cette démarche faite sans son autorisation. Les encouragements donnés à l'Œuvre naissante et son approbation paternelle lui donnaient le droit de diriger l'initiative de Sœur Virginie, qui pourtant n'ayant pas encore fait vœu d'obéissance n'était pas tenue aux conséquences fixées par les règles canoniques. Elle avait d'ailleurs suivi les conseils de personnes prudentes et religieuses.

Les raisons ne manquaient certes pas pour taxer comme inconsidérés ces projets d'expansion ; la principale c'est que l'œuvre naissante n'était pas assez affermie pour chercher à s'étendre dans une plus grande ville. Fort de cette raison, le prélat irrité donna l'ordre d'écrire au Mans de ne pas donner suite aux projets de fondation ; plus tard on reprendrait les pourparlers.

Sœur Virginie écrivit par obéissance, dans le sens indiqué.

Quelques jours après, elle recevait de M. Jean Fillion une lettre disant en substance :

« J'ai soumis vos projets à plusieurs de mes confrères qui ont accueilli favorablement votre demande. Tous sont d'avis, comme moi, que vous veniez vous fixer ici le plus tôt possible, pendant la vacance du siège épiscopal. Il y a une maison à louer près le grand séminaire, tout à fait suffisante pour le début, elle est à votre disposition. »

Cette lettre ne répondait pas aux décisions de l'évêque, Virginie soumit le document à son appréciation. Le prélat conclut qu'on ne pouvait refuser la proposition; mais se ravisant tout à coup, au souvenir de son ordre précédent, il ajouta : « Je suis surpris de cette lettre, n'avez-vous donc pas écrit selon mon commandement ?

— Pardon, Monseigneur, j'ai écrit sous votre dictée », puis avec un sourire plein de finesse, elle ajouta : « Au lieu de mettre ma lettre à la poste, je l'ai mise au feu, je n'ai jamais eu le courage de l'envoyer. »

L'évêque, à cette réponse sans feinte, se mit à sourire lui-même, et termina par cette pointe de reproche qui était un aveu de sa défaite : « Vous êtes fine et rusée, ma fille, vous arriverez toujours à vos fins ! »

L'autorisation de fonder une succursale au Mans était conquise et donnée tacitement sous la forme d'un blâme apparent.

La question d'un costume religieux fut traitée, avant le départ pour le Mans, et solutionnée d'une manière provisoire par l'évêque (1).

1. Les documents ne concordent pas pour fixer la date de la première vêture religieuse. Le registre des professions de la Congrégation, établi beaucoup plus tard, donne la date du 10 octobre 1855, au Mans, pour Sœur Virginie. Un autre manuscrit indique le 10 novembre à six heures du soir; un troisième donne le 10 octobre 1853. Le premier, croyons-nous, se trompe sur la ville, le second sur la person-

Comme il était convenu avec M. Fillion, Sœur Virginie s'empressa de se rendre au Mans avant la fin du veuvage de l'église. Laissant à Blois Sœur Émélie avec deux postulantes, elle prit avec elle Sœur Julie pour la nouvelle fondation. Les deux Sœurs arrivèrent au Mans le 11 novembre 1855, fête de saint Martin, patron des Gaules. Nous n'avons pas à raconter ici les débuts de cette succursale, nous y reviendrons.

Trois mois ne s'étaient pas écoulés depuis leur départ, qu'un nouvel orage se formait à Blois. Des murmures se faisaient entendre, et Monseigneur se montrait mécontent de l'absence prolongée de Sœur Virginie.

Émélie Crosnier restée à Blois, avec la direction de la maison, était inquiète. Elle se décida à une démarche d'information auprès de l'évêque. Mgr Pallu du Parc apaisa ses inquiétudes personnelles pour la plonger dans les plus vives alarmes au sujet de Sœur Virginie : « Ma fille, lui dit-il, je vous accorderai les vœux, mais non à Virginie. »

Cette parole la frappait au cœur, en privant la Congrégation naissante de sa fondatrice. Tout le passé, tout l'avenir était remis en cause. Sœur Émélie résolut d'aller au Mans exposer la situation. Une dame lui donna l'argent néces-

ne, le troisième sur l'année. Nous pensons être dans le vrai, en affirmant une première prise d'habit le 10 octobre 1855, à Blois, sans cérémonie religieuse, pour Sœur Virginie et Sœur Émélie, une deuxième le 10 novembre 1855 pour Sœur Julie qui, le soir même, devait partir avec la première, pour le Mans.

saire pour le voyage. Aussitôt elle se mit en route, sans tenir compte de sa santé ébranlée par une grave et récente maladie.

Avant d'accomplir sa mission, Sœur Émélie, dont l'esprit était pétri de régularité et de tradition, fut fort surprise, en arrivant au Mans, de constater quelques modifications dans le costume religieux. Grand fut son chagrin, mais Sœur Virginie le dissipa sans peine par de douces paroles, en lui faisant adopter les mêmes changements, que des circonstances locales avaient sans doute imposés.

Lorsque les dispositions épiscopales de Blois furent connues, Sœur Virginie se trouva dans la perplexité. Que faire? Sa présence était nécessaire à la fondation du Mans, encore à ses débuts, et elle désirait y rester. Blois, de son côté, la réclamait pour sauvegarder l'avenir. De quelque côté qu'elle se retournât, elle ne pouvait quitter une maison sans l'exposer à péricliter. Les deux Sœurs exposèrent leur perplexité à M. Gautray, curé-archiprêtre de la cathédrale, qui trancha la question épineuse, en conseillant à Sœur Virginie de retourner à Blois, et en se chargeant de veiller lui-même sur la maison du Mans, située sur sa paroisse.

Sœur Virginie suivit le conseil donné : elle confia la maison du Mans à Sœur Julie, qui relevait de maladie. Elle avait pour aide une jeune postulante du nom de Marie Saby, présentée par le chanoine Fillion.

Chacun des pas de la fondatrice était marqué

par l'épreuve, la contradiction et la souffrance, mais rien n'était capable de troubler son cœur, ni d'ébranler sa confiance. Elle faisait l'œuvre de Dieu, et c'est en Dieu qu'elle cherchait son appui et fixait ses espérances : « Oh! s'écrie Sœur Julie, qu'elle a eu du mal à faire germer ce petit grain de sénevé; il y a eu souvent des hauts et des bas, mais elle ne perdait pas courage, Jésus la soutenait dans cette difficile entreprise qui devait procurer sa gloire. » Nous allons voir l'accueil qui lui sera fait à Blois.

CHAPITRE IV

LES PREMIERS VŒUX

(1856)

Les menaces de Mgr Pallu du Parc, à l'adresse de Sœur Virginie, ne présageaient pas une cordiale et encourageante réception. Les deux petites Sœurs, sans se troubler, allèrent au-devant des amertumes prévues et annoncées.

Sœur Émélie se présenta la première devant Sa Grandeur, qui lui demanda aussitôt : « Avec quelle permission, ma fille, êtes-vous allée au Mans? »

La réponse fut faite avec la droiture qui convenait bien au caractère austère de Sœur Émélie : « Monseigneur, je ne suis pas religieuse, et je ne me crois pas tenue à l'obéissance, mais mon grand désir est d'être admise à la vie religieuse.

— Non, ma fille, la souffrance vous attend encore; mais pourquoi Virginie n'est-elle pas venue, je lui adresserai des reproches. »

L'horizon, loin de s'éclaircir, s'obscurcissait de plus en plus; le mécontentement et l'opposition épiscopale persistaient.

Sœur Virginie se rendit à son tour à l'évêché. Sa présence dissipa les nuages, et les reproches annoncés firent place à un accueil paternel de la part du prélat. L'entretien fut long, il est vrai. Mgr Pallu et M. Venot, son secrétaire, écoutèrent attentivement le récit de la fondation du Mans, ses succès, ses espérances, et tout l'intérêt que lui portait le clergé de la ville.

Par ailleurs, une lettre adressée à Mgr Pallu par M. Charles Fillion, vicaire général du Mans, et neveu du chanoine Jean Fillion, promoteur de la fondation nouvelle, confirmait le récit de Sœur Virginie. Très louangeuse pour l'Œuvre commencée, cette lettre ne fut sans doute pas étrangère à la transformation des sentiments de l'évêque. A l'époque où elle fut écrite, la ville du Mans possédait un nouvel évêque, Mgr Nanquette, ancien curé de Sedan.

Nous la donnons presque entièrement, parce que l'effet qu'elle produisit fut d'une grande importance pour la Congrégation menacée dans son existence.

« Monseigneur,

« Je regardais depuis longtemps comme un devoir pour moi de rendre compte à Votre Grandeur d'une petite fondation faite au Mans par deux bonnes filles venues de votre diocèse et à qui vous avez témoigné de la bienveillance. Le retour de l'une d'elles à Blois m'oblige à ne plus différer.

« Quoiqu'elles se soient établies ici d'une manière peu régulière, puisqu'elles n'avaient ni votre autorisation, ni celle de MM. les vicaires capitulaires, la Providence a semblé approuver leur dessein, en répandant les bénédictions sur leur Œuvre. Elles ont déjà reçu chez elles et placé un grand nombre de domestiques et leur maison est vue avec faveur par toute la ville.

« Diverses circonstances et surtout le voisinage m'ont mis en relation avec elles et m'ont permis d'apprécier leur bonne volonté, leur dévouement et les services qu'elles pouvaient rendre. J'ai présenté la Supérieure à Monseigneur qui a bien voulu lui donner des encouragements. C'était tout ce qu'elle demandait, car l'Œuvre ayant pris naissance à Blois sous le patronage de Votre Grandeur, c'est par vos soins et sous votre direction qu'elle doit grandir et se développer.

« Aussi, Monseigneur, est-ce à vous que nous nous adressons pour vous prier de ratifier ce qui s'est fait au Mans. La ruche était encore bien jeune pour envoyer au loin un essaim; mais puisqu'il a plu à Notre-Seigneur de la bénir, nous espérons de votre bonté que vous voudrez bien nous la conserver. Pour cela, Monseigneur, il serait nécessaire que Sœur Virginie revint prendre la conduite de la maison du Mans, jusqu'à ce qu'elle soit un peu établie; car si l'on voit partir si vite la première Supérieure, qui seule est connue, il est bien à craindre que la confiance diminue beaucoup. La maison de Blois qui est plus ancienne et mieux affermie ne perdra rien au bien que vous nous ferez et nous tâcherons de vous le rendre, en procurant des novices à la Congrégation. Il s'en est déjà présenté une qui paraît animée de bonnes dispositions... » (1).

Les deux petites Sœurs étaient appréciées et connues dans la ville du Mans, sous le nom de Servantes de Marie. C'est dans la lettre du vicaire général que nous trouvons pour la première fois cette dénomination. Les Sœurs avaient ainsi un habit religieux, un titre de Congrégation sans avoir la réalité des vœux. Cette situation indécise demandait une solution et la lettre du vicaire général du Mans n'y fut pas étrangère. Jusque-là, on avait semblé ignorer chez soi la valeur d'un trésor que d'autres avaient hautement apprécié. C'était une révélation. Par crainte de le perdre, on s'enhardit jusqu'à se l'attacher par des liens nouveaux, par les vœux de religion.

En effet, au lieu des réprimandes et des reproches attendus, Sœur Virginie fut ravie d'entendre Monseigneur lui annoncer que le 25 mars suivant, fête de l'Annonciation de la Vierge Marie, il lui donnerait un habit religieux définitif et recevrait ses vœux. Son bonheur ne pouvait être plus grand ; ses compagnes de la rue du Prêche chantèrent avec elle un cantique d'actions de grâce. Les années d'épreuve et de formation allaient prendre fin et l'Institut naissant s'abriterait désormais sous le manteau maternel de l'Église et de la Vierge Marie.

1. Lettre du 19 février 1856.

Le 25 mars 1856 restera un jour inoubliable pour la Congrégation des Servantes de Marie. On y retrouva la simplicité de ses débuts et les amies de la première heure.

Au jour fixé, Sœur Virginie et Sœur Émélie se rendirent à l'évêché, et furent introduites dans le cabinet de Monseigneur. C'est là que le prélat, assisté de son secrétaire, M. Venot, bénit leur habit religieux, le chapelet, le crucifix et reçut les vœux des deux premières Servantes de Marie.

La cérémonie fut sans apparat; les deux petites Sœurs se mirent à genoux devant une petite table ornée seulement d'un crucifix, et prononcèrent leurs vœux, pendant que l'évêque appelait sur elles toutes les bénédictions du ciel. Quelques instants après, elles furent conduites à la chapelle du palais épiscopal dans leur costume d'épouses de Jésus-Christ. Il était composé d'une robe noire avec pièce formant tablier, d'une petite pèlerine noire, d'un fichu blanc en guise de col, d'une cornette blanche, d'un bandeau et serre-tête, et d'un manteau noir avec capuchon pour les sorties dans la ville.

L'oratoire de Monseigneur était rempli de domestiques invités à être les témoins de l'immolation de celles qui, pour toute ambition, voulaient se dévouer à leur service. Après la célébration du saint sacrifice, le prélat aristocrate qui se plaisait avec les humbles et les petits, laissa déborder son cœur en paroles d'encouragement, de bénédictions et d'espérance. Il donnait en ce jour, à l'Église, une nouvelle filiation; et joignant la pensée du mystère de l'Annonciation à la pensée directrice du nouvel Institut, il lui confirma officiellement le nom de Servantes de Marie. Comme la Vierge Immaculée s'était déclarée la servante du Seigneur, les deux nouvelles professes et celles à venir devaient se faire les servantes des servantes, jeter le voile de la charité et de la discrétion sur toutes leurs misères humaines et ne voir en elles que la Mère du Sauveur.

Sœur Virginie avait alors trente-cinq ans et onze mois. Il y avait douze ans qu'elle soupirait après cet heureux jour. Son attente était finie et son cœur débordait de joie. Tout le jour, elle aurait voulu crier son bonheur sur tous les chemins. Sa voix, ses gestes le proclamaient assez haut, et si elle ne le disait pas plus haut encore, « c'est que, dira-t-elle plus tard, j'avais à côté de moi *mon redressoir* ». Elle qualifiait ainsi, aimablement, la retenue grave et silencieuse de Sœur Émélie.

Le bonheur de celle-ci, pour être plus concentré, n'en était pas moins grand. Quelques mois auparavant, elle faisait connaître ses désirs à la Sœur Virginie, alors au Mans: « Vous savez qu'il y a longtemps que je soupire après le bonheur de faire des vœux. Je vous en prie, de grâce, n'y mettez pas de retard. Je crois que les trois vœux ne me coûteront rien, car j'ai fait le sacrifice de tout ce que je possède, il ne reste plus que celui de ma personne, je l'aurais fait, il y a longtemps, si Dieu en avait disposé. »

Si l'heure de la profession fut une heure du ciel, il fallut bientôt retomber au milieu des épines de la terre.

Le même jour, dans une causerie paternelle, Monseigneur demanda à la Mère Virginie quelles étaient ses ressources en commençant son Œuvre : « Monseigneur, répondit-elle, j'avais cinq francs ! — Pauvre enfant, cinq francs ! ce n'est rien ! — Mais cinq francs, ma bonne volonté et Dieu, c'est tout ! » Réponse admirable et digne d'une sainte.

A l'heure de la profession, si la maison était plus grande, les pièces d'or étaient aussi rares. Les richesses des petites Sœurs étaient faites de leur joie et de leurs espérances. Les domestiques partageaïent leur allégresse en voyant triompher leur propre cause ; oublieuses de leur indigence, elles puisèrent dans leurs bourses quelques rares pièces blanches, et couvrirent par cette cotisation les frais d'un repas de famille ; elles furent nombreuses à y prendre part. C'était la pauvreté réelle donnant la main à la pauvreté volontaire des épouses de Jésus-Christ.

Le soir même, un groupe de jeunes filles, dirigé par Sœur Émélie, visitait une maison du Bourg-Saint-Jean, adossée aujourd'hui au boulevard Riffault, mais ouvrant sur le quai dans la partie basse de la ville (1). La nouvelle Con-

1. Cette maison avait été prise à bail par les Petites Sœurs des Pauvres, les Servantes de Marie achevèrent les années du bail. Plus tard, elle fut encore habitée par la

grégation devait s'y installer quelques jours après, et le but de la visite était de choisir une pièce convenable à destination d'oratoire pour les Sœurs et pour les domestiques.

La situation, en effet, était changée. Jusque-là, l'Œuvre ne formait qu'une association séculière, et n'avait pas le bonheur de posséder le Saint Sacrement. Mais, dès le jour de la profession, Mgr Pallu du Parc avait autorisé une chapelle, et avait nommé comme supérieur ecclésiastique M. Venot qui remplissait le rôle de protecteur depuis les premiers jours.

Les débuts de la nouvelle étape du Bourg-Saint-Jean rappelaient par leur pauvreté les premiers jours de la rue du Prêche. Tout faisait défaut aux Sœurs pour la célébration décente de la messe. Il fallut emprunter les premiers ornements à la cathédrale. Peu à peu, des âmes généreuses et zélées pour le culte eucharistique fournirent par leur travail ou leurs aumônes les objets nécessaires.

Enfin, le dimanche de la Pentecôte 1856, le Seigneur partageait le même toit avec les Servantes de sa Mère, et chaque jour il répandait sur leurs âmes les richesses de son sacrifice.

L'Eucharistie, dans les communautés, est la source vivifiante de la charité et du dévouement. Les Servantes de Marie savouraient le bonheur de la posséder; elles trouvaient près de Jésus l'oubli des épreuves passées, et fai-

Congrégation naissante des Sœurs Passionnistines avant leur départ pour Lourdes.

saient provision quotidienne de courage pour l'avenir. Mais il a été dit que toute consolation se rachète par la douleur et la souffrance. Une épreuve nouvelle allait s'abattre sur elles, à l'improviste. C'était le terrible fléau de l'inondation. Dans la nuit du 1er juin 1856, les eaux de la Loire envahissaient leur modeste oratoire orné de toutes leurs pauvres richesses. Il renfermait tout leur trésor : Jésus-Hostie. Leur première pensée fut pour Lui. Avec une hâte qu'expliquaient les flots toujours montants, l'une des Sœurs alla prier un prêtre de venir mettre le saint ciboire en lieu sûr.

L'inondation fut désastreuse sur toutes les rives de la Loire; les eaux montées à plusieurs mètres, atteignirent leur maximum dans la nuit du 3 juin et ne se retirèrent qu'après une quinzaine de jours.

Mgr Pallu du Parc se dépensa pour ses diocésains sinistrés dans la mesure de ses forces et de ses ressources; il ne pouvait oublier ses chères filles, les Servantes de Marie. Le matin du 9 juillet, il vint à l'improviste les visiter; de là, grande surprise et grand émoi parmi les novices. La maison était encore bouleversée, les maçons réparaient les murs de l'oratoire, les Sœurs, en habit de travail, lavaient les murs et les planchers des autres pièces pour chasser les boues laissées par l'inondation. Pas un appartement n'était en état. Comment recevoir le prélat qui, pour la première fois, les honorait de sa visite? Elles le prièrent d'attendre quelques instants, pour leur permettre de se présenter en tenue plus officielle. Tout fut inutile, Monseigneur souriant de leur confusion, pénétra dans les appartements inondés; mais ne trouvant pas où mettre le pied, il monta sur un banc, et adressa à la communauté des paroles de condoléance et d'encouragement. Avant de se retirer, il laissa une aumône de 300 francs pour payer les réparations et suffire aux premières nécessités. C'était un don qui arrivait de Rome, du cœur généreux et compatissant du saint Pontife Pie IX.

La maison de Blois se reprit à la vie, continuant ses œuvres de refuge pour les servantes sans place. La bienveillance paternelle de Monseigneur, la direction de M. Venot la mettaient à l'abri de nouvelles secousses.

Mère Virginie, aussitôt après la baisse des eaux, était partie pour la ville du Mans où nous allons la retrouver.

CHAPITRE V

LE MANS (1855-1870).

Nous avons raconté les préliminaires de la fondation du Mans et les incidents extérieurs qui provoquèrent le départ de Sœur Virginie. Il est temps d'en faire connaître les débuts.

La Mère Virginie était arrivée au Mans avec Sœur Julie, le 11 novembre 1855, à 9 heures du matin, après une nuit très froide passée en voiture. C'était la fête de saint Martin, patron des Gaules. L'été raccourci placé sous son vocable n'attiédissait pas ce jour-là la température. Un brouillard intense enveloppait la ville, et les deux Sœurs avaient peine à se conduire dans le dédale des rues.

Mère Virginie était excédée de fatigue, et le numéro 39 de la rue de l'Abbaye-Saint-Vincent où elle se rendait ne promettait pas un repos confortable. Des murs dénudés, deux francs en poche, quelques menus objets dans deux petits sacs de voyage, voilà toutes les richesses de la première heure. Des sacs, elles firent tout d'abord des sièges de repos ; pour se remettre de leurs fatigues, elles se procurèrent un succulent repas, assaisonné par la joie du cœur, et dont le menu était : Une livre de pain, un quart de charcuterie et un demi-litre de cidre. La pièce de deux francs se trouvait réduite à un franc vingt-cinq centimes. Avec cela il fallait monter une maison.

Selon le conseil du prophète royal, les deux Sœurs avaient jeté sur la Providence les soucis de leur nourriture et de leur lendemain. Celle-ci ne leur fera pas défaut.

Elle se montra le jour même dans la personne de Mme Martin, leur voisine, qui avait déjà accueilli avec bonté Sœur Virginie à son premier voyage. Son premier acte de charité fut de les inviter à dîner, et de pourvoir aux nécessités les plus immédiates. Elle leur donna un lit de sangle et un matelas. C'était assurément peu pour deux personnes; la même Providence divine jugea que pour le moment c'était encore trop. Au moment où les Sœurs allaient profiter du don de Dieu, une pauvre servante vint leur demander refuge. Il n'y avait plus assez pour trois. Mais la charité est dévouée. Le matelas fut donné à la servante, et pendant huit jours, les Sœurs se contentèrent du lit de sangle.

Ajoutons à cela les intempéries de la saison. Le froid était saisissant. On leur avait bien donné un vieux poële, mais point de bois pour faire du feu. M. le chanoine Arcanger, pensionnaire de Mme Martin, fut touché de cette détresse; il donna une aumône de vingt francs à la Sœur Virginie qui en dépensa huit pour se procurer du bois.

Il n'y avait ni vaisselle, ni marmite, ni chaudron. Mme Martin donna un vase appelé pot-à-bouillon ; il était d'une telle capacité qu'il aurait suffi pour trente personnes. On sut en tirer pourtant de grands services, car il était tour à tour : marmite, vaisselle, chaudière et cuvier pour la lessive.

Sœur Julie, qui nous donne ces détails sur le pot-à-bouillon, ajoute encore un fait dont elle fut l'héroïne. Il est digne du frère Junipère, le bien-aimé de saint François d'Assise : « La première fois qu'il nous servit pour mettre le pot-au-feu, nous avions une livre et demie de viande à mettre dedans, et moi qui n'avais aucune notion de cuisine, je le remplis de choux et de pommes de terre, si bien qu'au lieu du bouillon gras, je fis une soupe aux choux. Cependant notre Mère Fondatrice aurait eu bien besoin de bon bouillon gras pour la réconforter, car elle était bien fatiguée. »

Cette incapacité de Sœur Julie tenait à son éducation. Les idées avaient plus de prise sur elle que les réalités de la vie. C'était la seconde religieuse qui s'était attachée à l'œuvre de Sœur Virginie. Voici dans quelle circonstance. Se trouvant de passage à Blois en 1854, elle vit dans la rue, une jeune personne au regard modeste, à la démarche recueillie qui lui fit une grande impression. Elle s'informa de sa profession et de sa demeure. C'était Sœur Émélie. On lui répondit : « Ce sont deux jeunes filles très pieuses qui veulent retirer du mal les domestiques sans place. » Cette parole fut pour elle comme une idée lumineuse. Sans plus tarder, elle alla solliciter son admission en offrant sa bonne volonté et son dévouement. Après avoir suivi les exercices d'une retraite, elle fut admise.

Certainement, Sœur Julie n'avait pas passé par une école ménagère, et sa fonction de cuisinière se ressentait de cette lacune. Son incapacité des premiers jours fut constatée par Mme Martin, qui, pour y remédier, invita les deux Servantes de Marie à prendre leurs repas à sa table pendant huit jours, qui servirent sans doute de noviciat culinaire à Sœur Julie.

Pendant ce laps de temps, la maison de la rue de l'Abbaye prenait un aspect plus confortable. On y trouvait quelques lits en bois avec paillasses, quatre chaises données par l'économe du grand séminaire, et une corde de bois, don d'une dame qui voulut rester inconnue.

Comment assurer, avec cette pénurie, le paiement d'un loyer de 300 francs. Le propriétaire était en droit de s'en informer. Sans vouloir inquiéter les Sœurs dans leur jouissance, il demanda pourtant des garanties. C'est alors que M. Gautray, curé-archiprêtre de la cathédrale, très dévoué à l'Œuvre des domestiques, se porta caution pour le loyer.

Les Sœurs n'avaient d'autres ressources que l'affabilité, la bienveillance de leurs voisins de la rue de l'Abbaye, et les recettes de la quête, « mais comme je n'y étais point habituée, écrit Sœur Julie, je faisais par là-même une très mauvaise quêteuse ».

La pauvreté sera toujours le lot des fondations. La maison du Mans eut à souffrir de ses étreintes, non seulement dès le début, mais pendant plusieurs années.

Cette situation précaire nécessitait la présence de Mère Virginie, d'autant plus que Sœur Julie, avec son esprit spéculatif et peu pratique, ne pouvait conserver une responsabilité au-dessus de ses forces.

Mère Virginie revint donc au Mans, après sa profession religieuse, vers la mi-juin 1856; son absence avait duré cinq mois. Elle reprit aussitôt la direction et l'administration de la maison.

Sœur Julie se rendit alors à Blois pour y prononcer ses vœux. Elle y arriva le 9 juillet. L'impression qu'elle produisit alors sur M. Venot fait son éloge : « Dieu soit béni ! le peu de temps que déjà j'ai passé avec Sœur Julie m'a fait voir aussitôt combien la grâce a agi dans cette âme. Oui, le Seigneur a fait beaucoup pour elle, et elle, de son côté, a répondu généreusement à la grâce. Tout cela se voit de suite, et j'en remercie Dieu du fond du cœur (1). » Sœur Julie fit sa profession le 16 juillet, fête de Notre-Dame du Mont-Carmel. Dans les intentions de la Mère Virginie, elle devait aussitôt retourner au Mans, mais M. Venot, tout préoccupé de la formation des postulantes et des novices, suggéra de la laisser à Blois quelque temps pour la bonne édification de la maison, et de lui confier plus tard la direction du noviciat.

1. Lettre du 13 juillet 1856 à Mère Virginie.

Ses conseils et ses désirs prévalurent. Sœur Julie demeura à Blois, mais, à la fin de septembre, nous la retrouvons au Mans. Quelle en était la cause? C'est que la maison du Mans reposait entièrement sur la Mère Fondatrice, qui avait pour la seconder Sœur Marie Saby encore novice. Mère Virginie étant tombée malade, Sœur Julie dut se rendre auprès d'elle pour la soigner et diriger la maison. Le bon M. Venot lui écrivait : « Soignez-vous, et laissez-vous soigner en toute simplicité ; votre santé nous est chère, elle ne vous appartient plus (1). » Le grand désir du bon Supérieur était de la voir revenir elle-même à Blois, pour prendre la direction des novices ; leur formation, en effet, restait en souffrance. Sœur Émélie, cumulant la charge de supérieure et de maîtresse des novice, ne donnait pas toute satisfaction désirable. Comme les circonstances particulières à la maison du Mans ne permettaient pas à la fondatrice de s'en éloigner, M. Venot demanda le retour de Sœur Julie, et l'établit maîtresse des novices, 24 novembre 1856. Le noviciat fut dès lors régulièrement dirigé.

Toutes les lettres de M. Venot à la Mère Virginie depuis le mois de juin 1856 au mois de juillet 1857 expriment les regrets de son absence et les souhaits répétés de son prompt retour. Il suggérait même des mutations de Sœurs et de Supérieures pour lui permettre de revenir à

1. Lettre du 1er octobre 1856.

la maison-mère, au premier berceau de la Congrégation, où sa présence était jugée nécessaire. Mais les circonstances étaient plus fortes que les volontés et les désirs; malgré tout, ce retard prolongé provoqua des inquiétudes à Blois. M. Fillion, le vicaire général, qui s'intéressait de plus en plus à la petite communauté, prit alors sa défense dans une lettre datée du 13 août 1857 et adressée à M. Venot : « Vous avez été surpris, peut-être, de voir le séjour de Sœur Virginie au Mans se prolonger, sans qu'aucune explication vous soit donnée à ce sujet; c'est un peu ma faute et beaucoup celle de mes occupations, car la pauvre fille m'en a supplié plus d'une fois.

« Des personnes influentes lui avaient conseillé de s'adresser à M. le préfet de la Sarthe. Elle le fit, à l'époque de votre passage au Mans (1), sa demande resta longtemps dans

1. M. Venot s'était rendu au Mans avec Mgr Pallu du Parc pour la consécration de l'église de Sainte-Croix, le 10 juin. Le jour même où M. Fillion écrivait cette lettre, M. Venot en adressait une à Mère Virginie : « Eh bien ! dites-moi donc ce qui est résulté de votre pétition. Je crains bien qu'elle n'ait pas produit ce que vous en attendiez... Je désire sans doute que vous reveniez à Blois, mais si le bien exige que vous restiez encore quelque temps au Mans, je ne désire que le plus grand bien de l'Œuvre. Je suis toujours dans les mêmes dispositions, c'est-à-dire, je pense toujours que votre présence nous serait très utile, mais je ne veux de votre retour qu'autant qu'il ne serait pas vraiment préjudiciable à l'œuvre commencée au Mans. Entendez-vous à cet égard avec M. l'abbé Fillion et déterminez-vous d'après ses conseils. » (Lettre du 13 août 1857.)

les cartons et revint enfin avec un refus. C'était peu de temps avant le changement de M. Pron; le nouveau préfet n'est pas encore arrivé et il paraît naturel de l'attendre. S'il ne se montre pas plus disposé que son prédécesseur à nous venir en aide, il faudra aviser à un autre moyen, une quête, et Sœur Virginie est assez connue pour la faire réussir. L'existence de la maison du Mans me paraît dépendre pour le moment de sa présence ici.

« La maison de Blois, au contraire, peut marcher sans elle; cependant si vous jugez sa présence nécessaire, elle est prête à partir au premier signe de votre volonté. Dans ce cas je ne puis vous dissimuler que notre petit établissement serait en péril. Je ne suis pour rien dans la fondation, je ne l'ai point conseillée ni approuvée, elle était faite quand j'ai commencé à m'occuper des Servantes de Marie. La communauté ne me paraissait point assez nombreuse ni assez forte pour penser à s'étendre; mais cette maison nous rend des services et elle serait regrettée si elle venait à disparaître. »

C'était toujours le grand souci des ressources pécuniaires qui mettaient la maison du Mans en péril.

Il est probable que le nouveau préfet se montra plus favorable aux requêtes de la Mère Virginie. Il autorisa du moins une loterie, dont le résultat fut assez fructueux pour sortir d'embarras la maison du Mans.

La Mère Virginie, après le succès de sa démarche auprès du préfet, se hâta de se rendre à Blois, pour répondre au désir souvent réitéré de M. Venot. C'était à la fin d'août 1857. Par ailleurs, sa présence était moins nécessaire, car Sœur Julie ayant quitté ses fonctions de maîtresse des novices se trouvait au Mans depuis les premiers jours d'avril. M. Venot y avait envoyé encore Sœur Jeanne, « bien dévouée, active, et pouvant, je crois, faire beaucoup de bien pour l'Œuvre. Je la regrette vraiment pour notre maison de Blois, mais je comprends qu'elle soit utile et même nécessaire au Mans. » Pour compléter le personnel, et diminuer les fatigues de la Supérieure, on faisait appel dans ces premiers temps au concours des novices, qui, après un stage plus ou moins long, rentraient à Blois pour achever et compléter leur formation. C'est ainsi que Sœur Valérie se trouvait aussi au Mans depuis le 28 février, et y resta jusqu'au mois de novembre.

Dès lors, ce fut pour la Mère Virginie un va-et-vient entre Blois et le Mans, selon les nécessités du moment. Nous devons ajouter pourtant que son cœur et ses préférences l'attiraient vers cette dernière ville ; Blois au contraire lui inspirait certaines appréhensions, dont la source était peut-être le souvenir des épreuves et des difficultés des premiers jours. Toujours est-il que M. Venot lui écrivait : « Je n'approuve pas vos craintes, j'espère au contraire que le

1. Lettre de M. Venot, 5 juin 1857.

bon Dieu bénira maintenant votre séjour au milieu de nous (1). »

Quand le devoir parlait, Mère Virginie ne tenait plus compte de ses préférences ni de ses appréhensions. Au Mans, d'ailleurs, elle était tenue au courant des moindres détails de l'Œuvre et de la maison de Blois. M. Venot entretenait avec elle une correspondance plus que hebdomadaire, et les Sœurs écrivaient aussi fréquemment. Rien ne lui échappait. Ses réponses dissipaient les petites difficultés, ranimaient la ferveur, et, plus d'une fois, M. Venot dut reconnaître la perspicacité supérieure de Mère Virginie, là où lui-même entraîné par sa bonté d'âme ne se rendait pas compte de certains dangers dans le gouvernement de la maison dirigée par la Mère Émélie.

Moins préoccupée par la maison du Mans, par l'appui que lui donnait Sœur Julie, la fondatrice revint à Blois à plusieurs reprises et y fit de longs séjours.

Toujours de santé faible et délicate, fréquemment arrêtée par la souffrance, elle ne savait pas se ménager, et souvent les soins que réclamait son état étaient rendus impossibles par la pénurie de la maison. C'est ainsi qu'épuisée par la fatigue et par un voyage, elle tomba gravement malade au Mans. Le médecin appelé fit une ordonnance. A sa seconde visite, il fut surpris de ne pas trouver l'amélioration attendue.

1. Lettre du 26 mars 1857.

Les pauvres Sœurs furent contraintes d'avouer leur détresse, et leur impossibilité de se procurer les remèdes prescrits. Le docteur parut fort mécontent, mais c'était un homme de cœur. Il alla lui-même chez le pharmacien, fit exécuter son ordonnance, continua à fournir les médicaments et à donner ses consultations gratuites. Bien plus, l'avenir le préoccupa, et par des démarches auprès du bureau de bienfaisance, il obtint la gratuité des remèdes pour les Sœurs et leurs malades pauvres.

La bonne Mère Virginie, qui aimait les caresses épineuses de la pauvreté, ne se troublait pas de ce dénûment. Plus il était grand, plus grande encore était sa confiance en Dieu. Persuadée de faire l'œuvre de Dieu, elle ne pouvait restreindre son dévouement à la mesure de ses ressources. Le grand nombre de domestiques qui passaient dans la maison absorbaient toutes les recettes, et Mère Virginie n'aurait jamais pu se résoudre à refuser l'hospitalité à l'une d'entre elles; elle aurait cru agir comme les habitants de Bethléem fermant leurs portes devant la Vierge Marie.

Le Père nourricier de Jésus était au Mans comme à Blois le grand pourvoyeur des jours de déficit. S'il faisait parfois la sourde oreille, la confiance des Sœurs ne se ralentissait pas. Celles-ci devaient à leurs fournisseurs des sommes assez rondes. Le mois de saint Joseph arrivant, elles se mirent en prière. Dès le premier jour, une dame inconnue vint leur apporter une abondante aumône, don généreux d'une mourante, qui avait disposé de sa fortune en faveur des Petites-Sœurs des Pauvres, des Sœurs du Refuge, du bureau de bienfaisance et des pauvres de sa paroisse. Non contente d'écrire ses dernières volontés, elle se servit d'intermédiaires pour les faire exécuter avant sa mort, ne réservant que le nécessaire pour les frais d'inhumation, et pour des messes à dire après son trépas.

C'est ainsi que, détachée réellement des biens de la terre, cette personne attendait en paix l'appel de Dieu, qui, au dire des médecins, ne pouvait tarder. Contre toute attente, cette demoiselle recouvra la santé, fut soumise encore à de grandes épreuves, et se trouva sans ressources dans la pauvreté la plus complète.

Mère Virginie qui la connaissait, fut touchée de sa détresse, et poussée par le sentiment de la reconnaissance à l'égard de cette bienfaitrice, elle lui proposa de venir abriter dans la communauté le reste de ses jours. La généreuse demoiselle fut profondément touchée de cette délicate attention, mais ne voulut rien entendre disant qu'elle ne regrettait pas ses largesses et qu'elle se trouvait très heureuse. De son côté, sa domestique ne voulut pas l'abandonner : « Mademoiselle, lui dit-elle, je passerai ma vie avec vous, vous m'avez servi de mère, tout ce que j'ai gagné est à vous, nous vivrons toutes deux, tant qu'il y en aura. Je serais désolée que vous vous fassiez de la peine. »

De telles âmes méritaient bien de se comprendre les unes les autres et de s'aimer dans le Seigneur.

Si le temporel restait inquiétant, le spirituel était plus favorisé. Le P. Gautier qui par ses instances avait tant contribué à fixer la volonté hésitante de Virginie Vaslin, ne pouvait que s'intéresser à l'établissement du Mans. Il s'y dévoua dans la mesure de liberté que lui laissaient ses courses apostoliques. Sa première visite, à son retour d'une mission, était pour les Servantes de Marie. Avec lui, arrivaient la joie et le réconfort; il se mettait à la portée de toutes les âmes, donnant aux religieuses une instruction familière, et répondant à toutes questions par des décisions et des conseils appropriés.

Les domestiques avaient part à l'apostolat « du petit Jésus ». Le bon P. Gautier s'informait en effet de chacune d'elles, demandait leur nom, leur village, leurs allées et venues dans les différentes places qu'elles avaient occupées. Comme il connaissait toutes les paroisses du diocèse par ses prédications, il prenait grand intérêt aux réponses des servantes. C'était une bonne occasion de leur rappeler le clocher natal, de glisser un bon mot, un encouragement. Avec cela, des explications du catéchisme, données en plein air dans le jardin, et des distributions d'objets de piété rendaient ses visites intéressantes et toujours désirées.

Lorsque les missions lui laissaient quelques jours d'intervalle, il se hâtait de rentrer au grand séminaire où il avait son appartement. Alors ses visites à la rue de l'Abbaye étaient quotidiennes. Il était le Père tout dévoué des Servantes de Marie, s'occupant des plus minutieux détails. La pauvreté bien connue de la maison lui faisait demander à la Sœur cuisinière si elle avait le nécessaire. Celle-ci lui répondit plus d'une fois : « Lorsque je n'ai pas ce qu'il faut, je m'adresse à saint Joseph, mais quelquefois il fait la sourde oreille. Je le prie, ajoutait-elle avec simplicité, que vous ne soyez pas si longtemps sans revenir, mon Père, vous êtes si bon interprète auprès de lui ! Chaque fois que vous venez, je suis toujours exaucée, probablement je ne prie pas bien quand je prie seule. »

Chaque fois qu'il venait rue de l'Abbaye, il mettait cinq francs dans la bourse de saint Joseph. Pour les Sœurs, c'était presque une fortune.

Généreux par lui-même, le P. Gautier provoquait encore la charité des autres ecclésiastiques. Les professeurs et les directeurs du grand séminaire furent souvent émus de pitié par ses paroles communicatives sur la pauvreté des Sœurs. C'est par ses sollicitations que M. l'abbé Grosbois, l'économe, commença par envoyer des légumes et des fruits ; plus tard, il réserva, tous les jours de fête, une part abondante pour les Servantes de Marie. C'est pourquoi le domestique dévoué et fidèle qui portait ces provisions disait plaisamment : « les Sœurs font partie du séminaire, leur part est toujours faite. »

Le P. Gautier, en résidence plus tard à Notre-Dame du Chêne, continua jusqu'à sa mort à s'intéresser aux Servantes de Marie ; Mère Virginie ne savait comment lui témoigner sa reconnaissance pour son dévouement. Plus que tout autre, il a été l'instrument choisi pour faire connaître à la Mère Virginie le sens des appels divins et la fixer dans sa vocation de fondatrice de la Congrégation des Servantes de Marie.

Les générosités du grand séminaire n'étaient pas sans retour. La Mère Virginie les payait par un dévouement sans bornes à l'égard des séminaristes pauvres. Comme à Blois, elle établit l'usage de blanchir, raccommoder leur linge et leurs vêtements. Dans sa pauvreté elle se trouvait assez riche ; elle s'oubliait elle-même et multipliait les industries de sa foi pour procurer aux futurs ministres des autels ce qui leur était nécessaire. Elle était convaincue que cette œuvre des séminaristes pauvres lui donnait part à leurs mérites et à leur futur apostolat. C'était encore honorer le sacerdoce de Jésus qui a divinisé la pauvreté plus encore dans ses ministres que dans ses membres souffrants.

Cet échange de bons services entre le grand séminaire et les Servantes de Marie eut un jour un résultat inattendu et contrariant.

Mgr Fillion donna à l'improviste un jour d'adoration aux Servantes de Marie. Il fallait suppléer une paroisse qui ne pouvait donner sa part d'adoration perpétuelle. Certes, l'obéissance pour les Sœurs était bien douce, mais l'oratoire était dépourvu des objets nécessaires. Mère Virginie alla confier son embarras à M. Grosbois; aussitôt, deux séminaristes pauvres, restés au grand séminaire pendant les vacances, portèrent rue de l'Abbaye, une exposition, un ostensoir, des candélabres, etc. La petite chapelle fut transformée par cette richesse d'emprunt. Loin d'en chercher l'origine, les bienfaiteurs témoins et spectateurs se scandalisèrent, et résolurent de faire dériver leurs aumônes vers d'autres canaux; une maîtresse d'hôtel, très affectionnée à la Mère Virginie, refusa désormais aux Sœurs les restes de sa table en leur disant : « Il y a plus pauvres que vous. »

Les religieuses ne se découragèrent pas pour si peu. L'éloignement de ces bienfaiteurs ne fit que mettre dans une plus grande clarté l'action de la Providence qui n'abandonne jamais les siens. Peu à peu, les difficultés matérielles s'amoindrirent, et les œuvres entreprises par la Mère Virginie prirent une plus grande extension.

Nous pouvons dire que la maison du Mans fut la demeure préférée de la vénérée fondatrice dans la période de sa plus grande activité religieuse. Elle y fit des séjours fréquents et prolongés et plus tard, en 1866, elle en deviendra la Supérieure immédiate pendant l'espace de trois ans. C'est pendant cette période que son Œuvre fut définitivement arrachée à sa situation précaire.

Un jour, Mgr Fillion, dont la dignité épiscopale rendait plus efficace et plus puissante sa sollicitude et son dévouement pour les Servantes de Marie, fit appeler la Mère Virginie et lui dit: « Ma chère fille, j'ai une bonne nouvelle à vous apprendre ; on vient de me donner une belle maison pour en faire ce que je voudrais, je vais vous mettre dedans ; vous pourrez y entrer quand vous voudrez. Voici à quelles conditions je vous y installe : vous en paierez les contributions, et vous ferez réparer la toiture quand elle en aura besoin. Vous y recevrez aussi les tertiaires deux fois par an pour leur retraite. »

Les conditions acceptées, les Sœurs entrèrent en jouissance de l'immeuble situé rue Saint-Vincent et y restèrent dix-huit ans. Comme il faisait partie de la mense épiscopale, le Gouvernement le fit mettre aux enchères après la mort de Mgr d'Oultremont. L'acquéreur fit signifier aux religieuses, le 18 avril 1885, d'avoir à laisser l'immeuble vacant. Grand embarras pour elles, avec des malades et des infirmes à transporter. Enfin, après deux mois de répit, les Sœurs purent s'établir dans une maison convenable de la même rue, au n° 34 où avaient habité auparavant les religieuses des Saints-Cœurs, dites de Picpus.

Mgr Labouré, le nouvel évêque du Mans et plus tard archevêque et cardinal de Rennes, voulut compenser les tracas du déménagement et le surcroît de dépenses engagées dans l'achat de la nouvelle maison ; il donna aux Servantes de Marie, pour l'Œuvre des domestiques, une petite rente annuelle.

Les œuvres de la maison du Mans, sise au n° 34 de la rue de l'Abbaye-Saint-Vincent, sont toujours les mêmes qu'aux premiers jours. L'Œuvre des domestiques continue à faire le bien par le moyen d'une association de piété, et les servantes sans place sont toujours arrachées aux dangers du désœuvrement.

Une autre œuvre dont la pensée première remonte à 1857 est celle des dames pensionnaires. Retirées des agitations du monde, celles-ci demandent la paix de Dieu près du tabernacle ; avec les facilités de la prière, elles reçoivent encore les soins dévoués des Servantes de Marie.

CHAPITRE VI

LA COMMUNAUTÉ. — LE NOVICIAT. — L'ŒUVRE DES DOMESTIQUES.

(1856-1863)

Les Servantes de Marie continuaient leurs œuvres de miséricorde et de charité, avec les bénédictions fécondantes du ciel, et sous la protection des évêques de Blois et du Mans. Les résultats acquis ne s'inscrivaient pas dans des comptes rendus annuels, qui sont procédés administratifs mais de peu de valeur pour l'éternité. Le bien se faisait au jour le jour, et Dieu en marquait les immolations, les sacrifices et les victoires qui glorifiaient son amour et ses miséricordes.

La Congrégation était fondée, fortifiée. L'arrivée de nouvelles postulantes garantissait peu à peu la vitalité des deux maisons et faisait disparaître les incertitudes de l'avenir. Les œuvres entreprises n'exigeaient pas, dans chaque localité, un nombreux personnel, car les domestiques hébergées, hospitalisées prêtaient leur concours au bon entretien de la maison. Il fallait pourtant une autorité directrice et quelques Sœurs pour former la communauté. Les novices et postulantes, en cas de nécessité, apportaient le contingent nécessaire. C'était en quelque sorte un apprentissage des œuvres auxquelles elles devaient consacrer leur vie, mais la formation spirituelle pouvait en souffrir; plusieurs postulantes, en effet, après les épreuves des premiers jours, renonçaient à cette vie d'immolation et de sacrifice.

Pendant les premières années, tout était à la charge de la Mère Virginie.

Nous avons vu que son long séjour au Mans nécessita la nomination d'une maîtresse de novices. Mère Julie fut la première; sa charge, il est vrai, ne fut pas de longue durée, du mois de novembre 1856 à la fin mars 1857; cette période fut encore diminuée par la maladie. Son influence fut salutaire pour la vie régulière, elle adoucit la rigueur exagérée de la Mère Émélie qui souvent privait la communauté de récréation et visait plus à la vie claustrale qu'à la formation des novices aux œuvres de miséricorde et d'apostolat. Sœur Julie, par le caractère que nous lui connaissons, avait les mêmes tendances; arrachée à la vie active du Mans pour se consacrer à la formation spirituelle des novices, les aspirations de vie cloîtrée germèrent dans son esprit. Assurément, cette disposition devait l'aider à maintenir dans son noviciat l'esprit de silence et de régularité qui facilite aux âmes généreuses les ascensions dans la vertu. Ces attraits de vie cloîtrée la portaient vers le Carmel; mais ils restèrent à l'état de velléités et jamais elle ne fit une démarche pour les réaliser. M. Venot constata lui-même ces tendances qui découlaient plutôt d'une disposition naturelle d'esprit que d'un appel de Dieu, et par mesure de prudence lui interdit expressément de rien communiquer aux Sœurs et aux novices de ses aspirations personnelles, laissant à Dieu de faire connaître sa volonté à cet égard. Le cœur de Sœur Julie était en réalité à l'Œuvre où elle avait commencé sa vie religieuse, et où elle persévéra jusqu'à la fin après avoir succédé à la Mère Virginie dans la direction de la Congrégation.

Quand elle quitta la charge de maîtresse des novices elle laissa bien des regrets qui furent vite dissipés par celle qui lui succédait. Celle-ci était Sœur Marie Saby, que le chanoine Fillion avait présentée à la Mère Fondatrice dès son arrivée au Mans. C'est dans cette ville qu'elle passa le temps de son postulat et de son noviciat, sous la direction de la Mère Virginie. Elle ne vint à Blois que le 18 mars 1857, pour faire sa profession à la fête de l'Annonciation, anniversaire des premiers vœux. La retraite préparatoire fut prêchée par le P. de Lehen, de la Compagnie de Jésus. Le même jour, les Sœurs Emélie et Julie renouvelèrent leurs vœux (1). Bon nombre de domestiques assistaient à la cérémonie.

Sœur Marie Saby était une âme prédestinée.

1. Le registre des professions donne le 2 février 1857 pour la prise d'habit de Sœur Marie Saby, et le 25 mars 1858 pour sa profession. Il y a certainement une erreur. Une lettre de M. Venot datée du 26 mars 1857 raconte la profession de cette religieuse.

M. Venot qui ne la connaissait pas, avait pourtant dans toutes ses lettres un mot du cœur pour « la petite Sœur Marie ». Il avait été profondément édifié par la ferveur et les sentiments religieux qu'elle manifestait dans sa correspondance, mais il laissa plus que jamais éclater sa joie quand elle arriva à Blois. « J'ai donc vu enfin Sœur Marie ! Oh ! je vous remercie, je remercie M. Fillion, je remercie le Seigneur de nous avoir envoyé cette chère enfant. Comme on voit de suite que l'esprit de Dieu est en elle ! oui, j'ai la confiance qu'elle attirera les bénédictions célestes sur notre chère maison (1). »

Quelques jours après sa profession, Sœur Marie fut nommée maîtresse des novices. M. Venot, heureux de ce choix, mais toujours très discret, ne mentionne plus l'influence de Sœur Marie sur les novices que par un mot. « Sa piété, sa vertu, font sur toutes, grande et salutaire impression (2). »

De fait, elle a laissé un grand souvenir dans le cœur de ses novices. Laissons parler l'une d'entre elles, Sœur Marie-Perrine Durand : « La seule vue de cette chère maîtresse portait au bon Dieu et inspirait cette pensée : Oh ! qu'il est doux de servir le Seigneur, et qu'il fait bon à des Sœurs d'habiter ensemble. » — « Je ne l'ai connue que deux mois, mais je voudrais être aussi riche qu'elle en vertus, et les pratiquer comme elle m'en a donné l'exemple. »

1. Lettre du 18 mars 1857 à la Mère Virginie.
2. Lettre du 13 août 1857.

D'une nature douce, pacifique et d'une grande piété intérieure, Sœur Marie penchait par goût, comme Sœur Émélie, vers la vie contemplative ; elle en avait fait, croyons-nous, un essai dans une communauté. Sa physionomie attirante gagnait vite les cœurs ; les novices et postulantes, par la vie quotidienne partagée, se sentaient plus portées vers Sœur Marie que vers la Mère Fondatrice.

Le penchant de Sœur Marie pour la vie régulière et claustrale la faisait souffrir des débuts d'une Congrégation où la règle, les usages et les coutumes n'étaient pas encore fixées par l'expérience. Au lieu d'attendre ce règlement, des nécessités quotidiennes et du temps, elle sollicita le concours d'un jeune prêtre, intelligent, zélé et très estimé des Pères Jésuites. C'était M. l'abbé Millet, successeur de M. Marchand dans l'Œuvre des domestiques et qui mourut supérieur du grand séminaire. Tous les jours il disait la messe à la communauté, et y donnait aussi quelques instructions. Il entra dans les vues de Sœur Marie, lui fournit quelques notes pour la guider, se faisant fort de faire approuver ce règlement par Monseigneur.

Le travail fut sans doute achevé et soumis à M. Venot et à la Mère Virginie. Quel sort lui fut-il fait ? Son application fut tout d'abord retardée et plus tard il resta, croyons-nous, à l'état de lettre morte, car Dieu avait d'autres desseins. M. Venot en écrivait à la Mère Virginie : « Pour ce qui est des règles, je préférerais, pour certains points du moins, qu'on ne commençât que quand vous serez de retour. Il me paraît plus convenable que vous soyez là pour l'adoption de certaines mesures. Au besoin, je vous en dirai les raisons, quand je vous verrai (1). »

Toujours est-il que Sœur Marie ne vit pas ses efforts couronnés de succès. La maladie arrêta sa course, et quelques jours après, elle mourait entre les bras de Mère Virginie accourue du Mans pour l'assister.

C'était la première fleur que les Servantes de Marie offraient au Roi du Ciel. Sœur Marie alla rejoindre l'Époux qu'elle avait aimé, le 9 mars 1859. Elle n'avait que vingt-cinq ans.

Mère Virginie prit alors d'une façon plus effective et plus suivie la direction du noviciat qui comptait quatre ou cinq novices et neuf postulantes. La prédominance numérique de celles-ci tient à un fait resté saisissant parce qu'il ne fut jamais renouvelé.

Le 12 janvier 1859 débarquait à Blois, un essaim de cinq jeunes filles qui avaient quitté les villes ou les landes bretonnes, pour devenir Servantes de Marie. Cette moisson avait été cueillie par le P. Bazire, jésuite, tout dévoué à la Congrégation depuis son séjour et son ministère à Blois.

L'une d'elles, Sœur Marie-Perrine Durand, nous a laissé le souvenir de ses premières impres-

1. Lettre du 29 octobre 1858.

sions. Pénétrons avec elle dans la communauté, nous saisirons sur le vif la simplicité des débuts et la générosité d'âme des premières Servantes de Marie. Si le règlement de vie n'entrait pas dans de minutieux détails, la petite communauté possédait, ce qui vaut mieux, le trésor de la paix et de la vertu, s'épurant chaque jour au feu du sacrifice.

Prenons Sœur Perrine à son départ de Nantes, avec ses compagnes : « Nous voyagions, dit-elle, depuis deux jours et une nuit, car à cette époque, il nous fallait faire en voiture publique le trajet de la Basse-Bretagne à Nantes, les chemins de fer n'arrivant pas jusque-là. Je me disais avant d'arriver : Je vais sortir de l'omnibus comme un colimaçon sort de sa coquille, et je laisserai ma volonté derrière la porte avant d'entrer dans cette petite solitude d'où je ne sortirai jamais quoi qu'il arrive.

« La Maîtresse des novices était venue nous prendre à la gare, enfin ! nous voilà arrivées ! En entrant dans la maison, je ne me sentais pas de bonheur ; il me semblait que j'entrais dans le paradis. La maison me paraissait très pauvre, elle l'était bien en réalité. La Maîtresse, après nous avoir débarrassées de nos bagages, nous conduisit au réfectoire ; nous avions grand besoin de nous restaurer après ce fatigant voyage. Cette bonne Maîtresse nous fit servir un peu de gras-double assez mal apprêté. A peu près toutes, nous quittions une bonne table et des mets mieux soignés que celui-là. Heureusement que le premier but était de chercher Dieu d'abord et de laisser tout le reste dans l'oubli ; tels étaient du moins mes sentiments à moi ; quant aux autres, je ne les connaissais pas assez pour en parler...

« Le silence était parfaitement bien observé ; ce grand calme qui se voyait partout, cette douce paix qui paraissait régner entre toutes, faisaient du bien à l'âme et ce bon souvenir m'est resté gravé dans le cœur.

« Le soir même de notre arrivée, notre Père Supérieur vint nous voir ; il nous bénit et nous encouragea à la persévérance. Il me parut très bon, mais grave. (C'était le bon M. Venot.)

« Enfin, l'heure du coucher arriva ; il fallut aller au dortoir commun ; et ce qui me coûtait bien, il fallait s'habiller et se déshabiller devant tout le monde. Puis le lendemain matin, point de glace pour me coiffer ; oh ! là, il me fallait lutter, car se coiffer sans glace me semblait chose impossible. Il fallut pourtant s'y conformer, mais il n'était pas rare d'entendre les novices s'accuser de s'être mirées dans les vitres pour voir si on ne s'était pas trop mal ajustées.

« Quand je vis, le lendemain, nos compagnes faire leur lit, je remarquai qu'elles n'avaient qu'une paillasse seulement ; nous seules, en qualité de dernières arrivées, avions chacune un matelas. Cela dura deux ou trois jours, et je me déterminai enfin à demander à la Maîtresse des novices à coucher sur la paille comme les autres Sœurs.

« — Eh bien, me dit-elle, débarrassez-vous de « votre matelas dès demain matin, je vous le « permets. »

« Je le fis en effet, et j'éprouvai un véritable contentement de pouvoir faire comme tout le monde.

« ... Voici le premier ouvrage que me fit faire notre Mère Fondatrice. Dans le jardin, un arbre à fruit avait été déraciné par le vent; cette bonne Mère me dit: « Ma Sœur, vous allez « prendre la scie, et vous irez dans le jardin scier « l'arbre tombé. » — Je n'ai rien répliqué; mais je me disais: Comment vais-je faire? Enfin, je partis, l'outil en main; le bon Dieu est venu à mon secours, car je me suis acquittée de ma besogne tout comme un homme. J'étais contente de moi et je remerciai le bon Dieu de tout mon cœur. »

Ces répugnances et ces délicatesses féminines étaient matière à sacrifices pour Sœur Perrine et pour celles qui avaient joui d'une vie plus délicate et plus confortable.

Le gras-double mal apprêté, donné aux postulantes bretonnes comme aliment réparateur, était presque du luxe si on le compare aux aliments des Sœurs pendant les années antérieures.

Mère Valérie, encore vivante, et entrée la cinquième dans la Congrégation, a connu des jours plus durs. La France, on peut le dire, subissait une crise alimentaire, le pain était cher. « Plus d'une fois, il fallut se rationner.

On nous donnait à discrétion des pommes de terre cuites à l'eau. Nous étions jeunes dans ce temps-là et nous avions bon appétit; un morceau de pain sec passait facilement et joyeusement. Pour boisson, nous avions un bon verre d'eau fraîche que nous prenions quelquefois avec sensualité quand il nous était permis d'aller la puiser à une source où elle était meilleure. Un fruit coupé en deux, lorsque nous en avions, était une friandise. Toutes ces choses nous étaient faciles et on était joyeuses. »

Ces privations venaient de la cherté de la vie et du manque de ressources. Elles étaient connues dans la ville, mais comme tout le peuple souffrait, la charité trouvait d'autres canaux pour faire couler ses largesses. Pour comble d'amertume, à ces privations généreusement supportées s'ajoutait, à l'extérieur, la malice d'une guerre sourde : des personnes dévotes et religieuses à qui ne manquait rien profitaient de cette pauvreté des Servantes de Marie pour détourner les postulantes ; elles disaient: « Oh ! ma pauvre fille, quoi ! vous êtes chez les Servantes de Marie ! mais vous ne pourrez pas y rester, ces Sœurs-là n'ont point de pain à manger. »

Malgré ces paroles d'un égoïsme inconscient et satisfait, les postulantes ne laissèrent pas fléchir leur désir de sacrifice, pour une situation plus douce.

Il était du devoir du Supérieur, M. Venot, de remédier dans la mesure du possible à cette détresse. C'est pourquoi il pria les RR. PP. Supérieur et Économe de vouloir bien donner aux Servantes de Marie les restes du dîner des séminaristes. Tout s'arrangea pour le mieux. Les Sœurs étaient alors au nombre de six ou sept ; deux d'entre elles allèrent chercher les reliefs de ce que saint François appelait « la table du Seigneur ». Leur nombre venant à augmenter jusqu'à trente, elles reçurent toujours le suffisant.

Cette pauvreté effective est un puissant levier de confiance en Dieu et de perfection religieuse. La Mère Virginie ne la subissait pas, elle la chérissait. C'était une de ses vertus privilégiées, son âme était franciscaine avant de l'être réellement devant l'Église. « Je voudrais bien, disait-elle, que le bon Dieu nous laissât un jour manquer du nécessaire, j'en serais très heureuse. » De fait, si la nourriture était pauvre et sans recherche, elle fut toujours suffisante. Cependant si ce jour désiré par Mère Virginie ne se présenta pas, la pauvreté eut, en mainte circonstance, à cueillir des perles semblables à celles-ci. A la Sœur cuisinière, lui demandant un sou pour acheter du lait, elle répondit gaiement : « Ma Sœur, je n'en ai pas », et au lieu de s'attrister, elle riait de bon cœur. La pauvreté était sa richesse, tout ce qui dépassait le nécessaire lui paraissait superflu. Ce sentiment la rendait généreuse à l'égard des pauvres. N'ayant pas de superflu, elle prenait sur le nécessaire pour faire des aumônes. Quand des âmes charitables envoyaient à la communauté des provisions, des fruits, etc., Mère Virginie s'estimait riche, et prélevait aussitôt sur le don reçu la part des pauvres.

Un jour, elle reçut ainsi un panier de fruits. Elle choisit aussitôt les plus beaux, les plaça délicatement sur une assiette, et dit à une postulante de les porter dans telle maison.

Celle-ci n'avait pas les idées spirituelles à la même hauteur; comme la mère Ève, elle savourait à l'avance la part des fruits qui lui reviendrait, et regrettait la portion qui allait disparaître. — « Mais, ma Mère, répondit-elle, il n'y en a pas de trop pour la communauté.

— La moitié, ma Sœur, vaut mieux que le tout. »

Cette parole de Mère Virginie restait un aphorisme mystérieux pour la petite Sœur. Son intelligence ne pouvait en pénétrer le sens caché, elle le reprit à rebours, disant : « J'aime mieux le tout que la moitié.

— Demain, j'irai à l'évêché, vous viendrez avec moi, et vous demanderez à Monseigneur le sens des paroles que je vous ai dites. »

Cette scène et cette énigme fut portée en effet devant le tribunal du prélat, charmé d'être choisi comme juge en cette circonstance. Il fit comprendre à la postulante que la Supérieure avait raison, en disant : « Ses actes de charité envers les pauvres valaient mieux qu'une satisfaction passagère du goût, car ils étaient autant de fleurons réservés pour sa couronne éternelle. »

La postulante, formée ainsi au détachement, comprit alors que « la moitié vaut mieux que le tout ».

La Mère Virginie veillait par elle-même au choix et à la formation des novices. Elle accueillait facilement les âmes désireuses de partager sa vie ; mais son esprit droit, pénétrant, appréciait promptement leurs aptitudes religieuses. Après quelques jours d'expérience, la solution était donnée ou par l'acceptation ou par le renvoi dans la famille. Son enquête portait surtout sur les motifs surnaturels de leur demande, et sur les intentions directrices de leur vie. Une fois acceptées, les postulantes passaient par tous les emplois, et étaient éprouvées de toute manière, sans qu'on tînt compte de leurs aptitudes naturelles. L'instruction et la santé entraient fort peu en ligne de compte. C'est ainsi qu'elle reçut plusieurs sujets ne sachant ni lire ni écrire.

Une jeune Sœur, éprise d'instruction, avait toujours en main des papiers ou des livres. La Mère Virginie en profita pour lui faire la leçon en redisant à plusieurs reprises ces paroles du séraphique François : « Pourvu qu'une religieuse connaisse bien ce que renferme le *Pater,* qu'elle aime et serve Dieu de tout son cœur, cela suffit pour sa sanctification. » Connaître en effet le *Pater* dans ses profondeurs doctrinales, c'est connaître toute la religion. Saint François qui se disait « homme sans lettres » et, après lui, la séraphique Thérèse d'Avila nous ont donné des explications du *Pater* à ravir d'étonnement les théologiens.

La vénérée Fondatrice cherchait surtout à donner à ses filles une forte trempe de vertu par la pratique de l'abnégation, de l'humilité, de la simplicité et de l'esprit de foi, toutes vertus évangéliques et religieuses qui nourrissent et développent l'amour de Dieu et du prochain.

Les âmes formées ainsi à l'école de la pauvreté et de l'abnégation ont laissé après elles un grand parfum de vertus religieuses dans leur communauté, et dans le monde.

La formation des novices n'absorbait pas tout le dévouement de Mère Virginie ; l'Œuvre des domestiques réclamait encore une grande part de son apostolat.

Cette Œuvre s'était développée et organisée pendant son séjour au Mans. M. Venot avait établi un règlement de l'Association, et pour obtenir de nombreuses indulgences, il avait demandé à Rome d'affilier l'Association à une archiconfrérie. Tous ses désirs furent exaucés.

Le 8 février 1857, l'Association fut inaugurée par une réunion publique dans l'oratoire des Servantes de Marie. Les premières associées, au nombre d'une trentaine, firent leur consécration à la Vierge Marie, pendant que l'une d'elles, un cierge à la main, en récitait la formule. Le dimanche suivant, plusieurs autres étaient reçues dans les mêmes conditions.

L'Association fut dès lors érigée canoniquement pour le diocèse de Blois. Pour atteindre mieux encore le but de l'Œuvre, M. Venot s'occupa d'établir pour la domesticité l'usage d'une retraite annuelle coïncidant avec l'obligation du devoir pascal. La première eut lieu en mars 1857 et les fruits dépassèrent les espérances. On vit les servantes se rendre le matin à la cathédrale, et le soir à la chapelle des Servantes de Marie, trop petite pourtant pour les abriter. « Oh! le bon Dieu l'a bénie d'une manière étonnante, ces bonnes filles ont été dans le ravissement et elles ont suivi toute la semaine les exercices avec le plus grand empressement... Monseigneur a bien voulu, le dernier jour, venir donner le salut. Il a été très satisfait, très touché et il a exprimé toute sa joie à ces bonnes filles, qui, elles-mêmes, ont été très reconnaissantes... Les domestiques ont voulu elles-mêmes faire une petite quête pour la chapelle. Elle a produit quarante francs. C'est vraiment bien touchant (1). »

Depuis lors, les saints exercices de la retraite ont toujours été donnés aux domestiques pendant la sainte quarantaine par le prédicateur de la cathédrale. Plus d'un a avoué que ce ministère auprès des humbles était des plus consolants, et s'il y a encore dans la ville de Blois un grand nombre de servantes chrétiennes et dévouées, il faut en chercher la source première dans cette Association des domestiques et dans

1. Lettre de M. Venot du 26 mars 1857.

la retraite annuelle où la divine parole ranime les ferventes ou réveille les endormies.

Pendant le séjour de la Mère Virginie à Blois, il arriva que cette retraite était compromise; le prédicateur, empêché ou fatigué, ne pouvait s'occuper des domestiques. La bonne Mère, cherchant avant tout le bien des âmes, exposa son embarras à Mgr Pallu du Parc. Cet illustre prélat, au dévouement infatigable et ami des humbles, lui répondit : « Ma bonne fille, ne vous tourmentez plus, moi-même je prêcherai la retraite à vos chères enfants. Je serai très heureux de donner la communion pascale à ces chères filles. » Grande fut la surprise de la Mère Virginie.

Les domestiques, heureuses et confuses de tant de bonté, vinrent avec plus d'empressement encore écouter les enseignements de leur évêque. Les fruits de la retraite qui semblaient compromis furent doublés cette année-là.

Le côté difficile de l'Œuvre des domestiques est surtout de maintenir la bonne harmonie avec les maîtresses de maison, de garder l'équilibre de juste appréciation entre les plaintes des unes et les prétentions des autres. Il y faut du tact, la connaissance des personnes, des talents, des caractères et aussi des exigences de la situation. Malgré tout le savoir-faire et le dévouement des personnes vouées à cette œuvre, on ne peut cependant leur demander de ne présenter que des saintes Blandine ou des saintes Zite. Souvent le zèle le plus désintéressé se heurte à des ingratitudes étonnantes de la part des servantes, et à des exigences inconsidérées de la part des maîtresses de maison. Celles-ci veulent des bonnes parfaites, sans défaut, sans se douter que la satisfaction de leurs caprices ou de leurs impressions nerveuses pèse lourdement sur les épaules de la domesticité. Pour beaucoup, le salaire payé les dispense de toute condescendance, de toute charité et de toute patience à l'égard de leurs domestiques ; tous les droits pour celles-là, tous les devoirs pour celles-ci, même de subir pour un maigre salaire des exigences insensées. Dans ces circonstances, il est fatal de voir naître le mécontentement, l'impatience, les paroles vives, et enfin la rupture du contrat de service.

Quand Mère Virginie se trouvait en présence de cas semblable, elle savait glisser à propos, sans froisser, un mot spirituel et piquant, qui ramenait à meilleure composition ces maîtresses exigeantes. Un jour, une dame vint lui débiter des litanies de plaintes et de reproches sur sa domestique. Mère Virginie écouta dans le plus grand calme, tout ce flot de paroles ; et, au lieu de soutenir directement les intérêts et la cause de la servante, ce qui est toujours affaire délicate et difficile, elle parut entrer dans les vues de la maîtresse, et lui répondit : « C'est vrai, mais je crois bien que le bon Dieu n'est pas mort pour les domestiques ; ces pauvres enfants doivent attendre un autre Rédempteur. » La leçon était finement donnée, mais nous ne savons si la dame en profita pour être moins exigeante et plus humaine.

Une autre fois, c'est une maîtresse de maison qui demandait une domestique sans défaut, sans imperfection, une perle rare plus précieuse sans doute que les bijoux de madame. A cette sotte demande, Mère Virginie répondit avec franchise : « Madame, vous demandez l'impossible, je n'ai pas à ma disposition cette perle de domestique ; il y a une maison où vous pourrez pourtant la trouver ? — Où donc ? — Oui, adressez-vous à M. X..., statuaire ; lui seul est capable de façonner, selon son art, ce personnage parfait. »

Ces fines réparties ne froissaient pas, elles mettaient en plein jour les exigences outrées des maîtresses, adoucissaient les plaintes et changeaient les esprits.

Sans doute les domestiques ont leurs défauts. Mère Virginie ne les ignorait pas, mais le but de toute son œuvre était de les améliorer par la piété et l'instruction religieuse, de les arracher à des situations bien dangereuses, d'avoir compassion de leurs chutes et de leurs faiblesses, de leur faire estimer leur état à l'école de Celui qui a dit : « Je ne suis pas venu pour être servi, mais pour servir. »

Que n'aurait-elle pas fait pour ce petit monde intéressant et déshérité ? Elle s'en faisait l'apôtre avec toutes les délicatesses de son cœur et les tendresses d'une mère. Elle avait pour elles les plus grandes prévenances, se regardant toujours comme la servante des servantes. Plusieurs fois la pauvreté de sa maison ne lui permettait pas d'offrir un nombre de chaises suffisantes, aux jours de leur réunion. Elle commençait par se priver elle-même, et faisait accepter aux autres cet inconvénient par le chant de ce petit couplet :

Ici, comme en la Thébaïde,
Les chaises sont pour nos amis.
Pour éviter le froid humide
Un petit paillasson fut permis.

Les soutenir, les encourager était un besoin de son cœur ; les instruire de leurs devoirs était un besoin de sa foi. Elle persista dans cette œuvre de dévouement, sans jamais laisser abattre son courage par les déceptions ou l'ingratitude.

CHAPITRE VII

LA RÈGLE DU TIERS-ORDRE RÉGULIER DE SAINT-FRANÇOIS

(1861-1864)

Les difficultés des premières années, les oppositions qui n'avaient pas désarmé, le petit nombre des Sœurs, laissaient toujours planer sur la Congrégation des Servantes de Marie les incertitudes de l'avenir. Cette jeune plante isolée, sans tuteur, pouvait-elle résister à toutes les tempêtes ? Plus d'une fois l'autorité ecclésiastique fut inquiète, et cette inquiétude lui inspira des projets nouveaux que la Providence anéantit en se servant comme instrument de l'incomparable confiance de la Mère Virginie.

Une stabilité inébranlable aurait pu être assurée dès le premier jour à la Congrégation. M. Fillion, le vicaire général du Mans, en suggérait le moyen dans la lettre déjà citée du 19 février 1856. Il la terminait par ces mots : « Permettez-moi encore, Monseigneur, de soumettre à votre appréciation une pensée qui m'est venue plusieurs fois à l'esprit, au sujet de ces bonnes filles. Ne serait-il pas mieux d'adopter pour elles la Règle d'un Tiers-Ordre approuvé par l'Église que de fonder une congrégation nouvelle ? Outre la bénédiction attachée à l'approbation du Saint-Siège, ce parti aurait l'avantage de les faire participer aux mérites de l'Ordre et aux indulgences qui lui ont été accordées. Quelle que soit votre décision à ce sujet, nous serons heureux de conserver les Servantes de Marie et de mettre à profit, sous votre bon plaisir, le dévouement à une classe de personnes qui ont grand besoin qu'on s'occupe d'elles. »

La pensée première d'adopter une Règle de Tiers-Ordre venait donc du Mans. Elle était d'ailleurs fort imprécise et ne dépassait pas, croyons-nous, dans l'esprit du vicaire général, l'enrôlement des Servantes de Marie sous la Règle d'un Tiers-Ordre séculier.

Avant cette lettre, M. Fillion avait déjà suggéré cette idée à la Mère Virginie, en la précisant quelque peu. Frappé par une ressemblance de dénomination, il avait parlé du Tiers-Ordre des Servites de Marie. M. Venot était heureux de cette ouverture : « Je vous écris à la hâte, ma chère fille, pour vous prier de me faire passer au plus tôt par cet ecclésiastique dont vous me parlez, les règlements de l'Ordre des Servites de Marie... Monseigneur, à qui j'ai communiqué ce que vous m'avez écrit, goûterait assez cette idée. Nous ignorions entièrement l'existence de cet Ordre (1). »

La Révolution avait jeté le voile de l'oubli sur des institutions séculaires, les ecclésiastiques ne connaissaient plus les Tiers-Ordres, même de nom, les canonistes seuls en possédaient les

1. Lettre de M. Venot du 8 janvier 1856.

règles dans les rayons de leur bibliothèque.

Personne ne s'occupa de l'idée émise, d'une façon suivie et sérieuse ; la Congrégation entra, comme nous l'avons vu, dans une autre voie ; plus tard la proposition sera reprise, mais, par suite de l'ignorance des règles, on procédera au petit bonheur.

L'idée pourtant avait trouvé une âme attentive, ignorante des procédures canoniques, c'était Mère Virginie. Dès lors, elle désira vivement rattacher son œuvre à un Ordre religieux, ayant pour ses institutions les approbations du Saint-Siège. C'était lui assurer une hiérarchie bien caractérisée, garantir son développement en lui conservant son caractère, sa forme et son esprit ; c'était aussi lui procurer une approbation indirecte du Saint-Siège, et par là, l'arracher aux cabales et aux projets d'anéantissement qui ne cessaient de se faire jour, même après l'approbation épiscopale et les premières professions.

Si Dieu n'avait pas été l'inspirateur et le soutien de l'Œuvre, elle aurait été anéantie par les mesures et les raisons des hommes. Nous allons en voir une preuve nouvelle.

Si l'idée d'une règle de Tiers-Ordre, émise par M. Fillion, n'eut pas de suite à Blois, il resta pourtant des conseils du vicaire général la pensée de ne pas établir une nouvelle Congrégation, et l'on tenait pour avantageux de faire fusionner les Servantes de Marie avec un institut déjà existant. Des pourparlers à ce sujet furent engagés, à l'insu de Mère Virginie. On avait profité du passage de la Supérieure des Sœurs de l'Espérance pour aborder la question. Une branche de celles-ci s'occupait en effet de l'Œuvre des domestiques, et la Supérieure fit des démarches auprès des autorités ecclésiastiques pour s'adjoindre les compagnes de Mère Virginie.

Le projet fut admis au moins en principe.

Pendant que cette question se traitait, Mère Virginie était absente de Blois. Elle avait obtenu de Mgr Pallu du Parc la permission d'aller faire une retraite au monastère des Trappistines de Laval. C'était au mois d'octobre ou novembre 1859. Elle voulait retremper son âme, comme les saints, dans la solitude et renouveler ses forces dans la prière et l'oraison. Arrivée au Mans, elle s'y arrêta plusieurs jours, consolant ses Sœurs par ses douces paroles, ses conseils et ses encouragements.

Or, là, elle eut un songe mystérieux qui la préoccupa beaucoup à son réveil. Au moment de son départ, la maison de Blois était en paix, et la vénérée Mère l'avait quittée sans inquiétude; ce songe de la nuit lui apportait un son de cloche funèbre. Une voix inconnue lui avait dit : « Il faut retourner à Blois, votre présence y est nécessaire, on va prendre la maison de Blois pendant votre absence, et on cherche à affilier les Servantes de Marie aux Sœurs de l'Espérance. La Supérieure de ces dernières est à Blois pour faire les arrangements avec Monseigneur et M. Venot. »

Toute préoccupée de cet avertissement étrange, elle s'en ouvrit à un Père Jésuite venu pour la voir dès le matin. Elle lui exposa simplement le but de son voyage, les circonstances paisibles de son départ, les éléments de ce songe qui jetait l'alarme dans son cœur, et demandant conseil, se déclara prête à se soumettre à toute décision. Le Père Jésuite, après l'avoir écoutée attentivement, lui dit de prendre le premier train pour Blois. Laissant alors de côté la pensée de sa retraite, elle se mit en route.

A Tours, la correspondance des trains lui laissait deux heures d'arrêt. Loin de s'inquiéter de ce retard forcé et de gémir sur la situation critique où pouvait se trouver la maison de Blois, elle profita de ces deux heures pour faire œuvre nouvelle. Elle eut et suivit l'inspiration d'aller demander audience à Mgr Guibert.

Le prélat l'accueillit avec bonté, fut vivement frappé de son maintien modeste et recueilli, de sa droiture pleine de simplicité et de son esprit de foi. Mis au courant du but de l'Œuvre, il en reconnut immédiatement les avantages, le grand bien qu'elle pouvait faire dans sa ville épiscopale, et séance tenante, il agréa une fondation à Tours.

L'archevêque remit à Mère Virginie un mot de recommandation pour M. l'abbé Soreau, curé de la cathédrale. Cet ecclésiastique était chargé de guider Mère Virginie, de trouver un logement et d'organiser une première installation. Une maison près de la cure était disponible, elle fut louée et la date de l'installation fixée au 8 décembre, fête de l'Immaculée-Conception.

Cette affaire avait été menée rondement, les deux heures d'arrêt n'avaient pas été perdues. Coïncidence non moins surprenante, au cours de l'entretien, Mgr Guibert avait dit à la Mère Virginie : « Il y a à peu près une heure qu'une Supérieure des Sœurs de l'Espérance s'est présentée, me demandant de s'établir dans la ville pour s'occuper de l'Œuvre des domestiques et j'ai refusé. »

Cette Supérieure arrivait de Blois où elle avait traité, non sans succès, avec Mgr Pallu du Parc, la question de l'affiliation des Servantes de Marie.

Le Seigneur guidait visiblement Mère Virginie dans son retour. A peine arrivée à Blois, elle se rendit à l'évêché. Monseigneur la croyait à Laval, grande fut sa surprise ! L'explication fut sincère, tout lui fut exposé, et le songe mystérieux, et la démarche et les résultats obtenus à Tours.

Le prélat qui voyait ses projets déjà compromis, parut fort irrité ; il accabla Mère Virginie de reproches : « Vous, simple fille, pauvre domestique, vous ne craignez rien, votre orgueil ne vous fait rien redouter; vous ne manquez pas de hardiesse pour vous adresser ainsi aux autorités ecclésiastiques, etc. »

La Mère Virginie écoutait humblement, sans murmure, sans plainte et sans trouble, ces dures humiliations, lorsque M. Venot entra, apportant le courrier à Monseigneur. Il fut fort surpris de les trouver en tête-à-tête. Il croyait Mère Virginie à Laval.

Le prélat raconta à son secrétaire tout ce qu'il venait d'apprendre de la bouche de la Mère Fondatrice. Des regards significatifs furent échangés et M. Venot les traduisit par cette exclamation, moitié interrogative : « Et notre affaire? » C'était une allusion évidente aux projets d'affiliation.

Mère Virginie intervint aussitôt, en disant : « Monseigneur, mon œuvre est celle de Dieu, je ne consentirai pas à m'affilier à une autre communauté. Je vous donne à réfléchir jusqu'à demain matin; suivant votre réponse je resterai ou je partirai pour le Mans avec celles qui voudront me suivre, je ferai mon œuvre dans un autre diocèse. » Elle prit ensuite congé de l'évêque, le laissant à ses réflexions sur cet ultimatum catégorique. Sa conviction profonde en parlant ainsi était de sauver l'œuvre que Dieu lui avait inspiré d'établir. Il est certain que toutes les Sœurs de Blois, religieuses et novices, auraient suivi la Mère Fondatrice au Mans.

Le mouvement de contrariété et d'humeur de Mgr Pallu du Parc s'apaisa; puis, réfléchissant sur ces événements insolites, il prit la résolution qui convenait. A 6 heures du matin, le lendemain, M. Venot venait au Bourg-Saint-Jean apporter à Mère Virginie la décision du prélat : « Ne changez rien, les projets d'affiliation sont rompus et annulés. »

La Congrégation des Servantes de Marie venait, encore une fois, d'échapper à un grand danger.

Ces alarmes, en se renouvelant, ne pouvaient qu'être nuisibles à la tranquillité des esprits et au dévouement des religieuses. La Congrégation ne se trouvait pas à l'abri des surprises du lendemain.

Le remède avait été suggéré, nous l'avons dit, par M. Charles Fillion. C'était d'adopter comme base une règle de Tiers-Ordre; du coup, la Congrégation héritait de traditions séculaires ayant fait leurs preuves, entrait en communication de bonnes œuvres et d'indulgences avec la famille religieuse à laquelle elle serait rattachée. Le Seigneur allait faire naître les occasions favorables.

Mère Virginie connaissait déjà la règle, les privilèges et les avantages du Tiers-Ordre séculier de Saint-François. D'innombrables religieuses à cette époque, et surtout plus tard, s'y enrôlaient volontiers pour participer à ses nombreuses indulgences. Après la promulgation de la Règle modifiée par Léon XIII (30 mai 1883), Rome limita les admissions aux seuls séculiers. Mère Virginie n'attendait qu'une occasion pour s'y enrôler et acquérir ainsi de nombreuses faveurs spirituelles.

Or, Mgr Pallu du Parc se trouvant malade, sollicita Mgr Charbonnel, évêque de Toronto (États-Unis), de le suppléer dans ses tournées de confirmation. L'évêque missionnaire et bâtisseur avait renoncé à son évêché pour se faire Frère-Mineur Capucin, et comme tel pouvait admettre dans le Tiers-Ordre de Saint-François. Il eut plusieurs entretiens avec la Mère Virginie et l'engagea à se ranger sous la règle du Tiers-Ordre régulier. Le conseil était sage, mais la réalisation demandait du tact et de la prudence. Avant de prendre une pareille décision, il reçut la Mère Virginie dans le Tiers-Ordre séculier. Puis, pour détruire l'ignorance régnante, le prélat expliqua dans ses prédications les avantages spirituels du Tiers-Ordre et sut les faire apprécier. Bientôt de nombreux ecclésiastiques et des âmes pieuses voulurent y entrer.

M. l'abbé Venot, qu'on appelait toujours « le bon Père Venot », voulant favoriser cet élan, demanda les pouvoirs nécessaires pour les réceptions et les professions. C'est ainsi que des Sœurs se firent recevoir et leurs noms furent inscrits sur le même registre que les noms des prêtres et des personnes du monde qui se réclamaient du Père séraphique saint François.

C'était un pas de fait. Mère Virginie désirait mieux encore. Cet enrôlement individuel ne plaçait pas sa Congrégation au nombre des institutions séraphiques.

Or, au Mans, elle rencontra, en 1861 ou 1862, le P. Ambroise de Bergerac, Frère-Mineur Capucin. Il prêchait la retraite ecclésiastique; il voulut bien dire la messe dans le petit oratoire des Servantes de Marie.

C'est là que Mère Virginie l'entretint de ses

projets, lui demanda de vouloir bien prêcher la retraite annuelle de la Congrégation, et le sollicita de préparer des constitutions.

Mère Virginie et le P. Ambroise de Bergerac étaient deux âmes capables de s'entendre.

« Le R. P. Ambroise, ce n'est que justice de le dire, était un apôtre dans le sens le plus étendu de ce mot. Vicaire à Bergerac, curé de Maurens, vicaire-régent à Terrasson, professeur de philosophie au collège de Brives, archiprêtre de Ribérac, il montra dans ces positions diverses de rares aptitudes, et déploya toujours un zèle infatigable dans la propagation du bien. Les plus pénibles labeurs suffisaient à peine à son activité dévorante. Après avoir consacré la journée à prêcher, à confesser, à visiter les malades, à consoler les mourants, il passait la nuit presque entière dans les veilles laborieuses de l'étude et de la composition. Entré en 1847 dans l'Ordre des Frères-Mineurs Capucins, il se livra avec une ardeur extraordinaire aux travaux si difficiles et si pénibles de la prédication (1). »

Ses succès apostoliques furent considérables. Ils étaient dus à son zèle, à l'éloquence de sa parole, mais aussi à sa vie sainte et mortifiée. Malgré les labeurs écrasants d'un apostolat prolongé pendant plus de quarante ans, il portait

1. *Semaine religieuse* de Périgueux, 1871. Le P. Ambroise a composé plusieurs ouvrages, entre autres : l'*Histoire de sainte Valérie*, la *Vie de M. l'abbé Maccrouze*, curé de Bergerac, dont il avait été le vicaire et l'ami ; *Histoire d'Ambialet et du pèlerinage de Notre-Dame de l'Oder*.

encore un rude cilice dont la vue seule effraie les délicats. Au moment de sa mort (12 juillet 1871), « on dut presque lui faire accepter de force une couche moins dure que son lit de paille et une cellule plus aérée (1) » et il fallut recourir au service d'un religieux, confident du secret de ses mortifications, pour arracher le cilice qui avait pénétré bien avant dans les chairs.

Ajoutons encore que le P. Ambroise assista au concile de Poitiers en qualité de théologien de Mgr l'évêque de Périgueux (1868), et qu'il fut, avec l'abbé Clausade, le fondateur des Tertiaires réguliers missionnaires de Notre-Dame d'Ambialet.

Le P. Ambroise était une âme simple, généreuse, et il ne pouvait refuser le service demandé par la Mère Virginie, du moment qu'il y allait de la gloire de Dieu.

Deux années consécutives, il prêcha les exercices de la retraite aux religieuses réunies à Blois. Dans la première (1863), il proposa la Règle du Tiers-Ordre Régulier, approuvée par Léon X, comme base de leur vie religieuse, et en même temps un costume de couleur brune qu'il avait taillé lui-même. Dès lors, la Règle, avec l'autorisation de l'évêque, fut mise à l'essai.

Le changement de costume ne pouvait se faire aussi rapidement. Il n'était pas d'ailleurs de première nécessité, en tout cas la question était délicate. Mgr Pallu du Parc avait approuvé

1. *Semaine religieuse* de Périgueux, 1871.

le premier et aucun changement ne pouvait y être introduit sans son agrément. Le P. Ambroise se chargea des négociations; tout fut traité à l'amiable, les désirs de l'évêque furent respectés, ainsi le manteau noir fut conservé et la pèlerine ne fit que changer de couleur.

La seconde retraite se termina le 17 septembre 1864, fête des Stigmates de saint François. Ce jour était merveilleusement choisi pour se mettre sous la protection du Séraphin d'Assise, endosser ses livrées austères et mortifiantes, et se ceindre de la cordelière symbolique. Pendant huit jours les religieuses s'y préparèrent dans le recueillement, sous la direction du P. Ambroise, alors Gardien du couvent de Paris. « Dans des instructions pleines de force, de solidité et d'éloquence, il a su, tout en se mettant à leur portée et avec une simplicité admirable, leur enseigner les choses les plus sublimes de l'oraison et de la vie religieuse. Il leur en a fait comprendre les obligations et les devoirs, en même temps qu'il les encourageait par ses exemples et par une bonté vraiment paternelle, à en soutenir les épreuves et les sacrifices. Nous les avons vues souvent pleines de reconnaissance et touchées jusqu'aux larmes par la manière dont il les recevait, lorsqu'elles allaient près de lui prendre des avis et des conseils ou déposer dans son sein leurs secrets les plus intimes (1). »

1. V. *Annales franciscaines*, tome IV, p. 408. Relation d'une Tertiaire ayant assisté à cette retraite.

La Mère Virginie vit enfin ses longs et persistants désirs se réaliser. Le matin de la fête des Stigmates, toutes les religieuses furent revêtues des livrées de la sainte pauvreté. Cette cérémonie et la profession qui suivit prirent un caractère de solennité. M. Venot, le Supérieur, l'avait voulu aussi nombreuse que possible. Dix-huit Sœurs professes renouvelèrent leurs vœux selon la Règle du Tiers-Ordre régulier, comme Franciscaines Servantes de Marie (1). Une autre religieuse retenue au Mans fit sa profession le même jour entre les mains de M. l'abbé Heurtebise, délégué à cet effet.

Dès lors, la Congrégation avait son organisation complète : la Règle dite de Léon X avec des constitutions données par le P. Ambroise. Celles-ci furent immédiatement mises à l'essai de la pratique et justifiées par l'épreuve du temps.

Jusque-là, les Servantes de Marie avaient vécu d'un petit règlement donné par la Mère Fondatrice, dont on conserva religieusement plusieurs pratiques, comme la prière si belle, chantée trois fois après la messe : *Monstra te esse Matrem*. Qui mieux que les Servantes de Marie peut avoir un droit de supplication près de la Mère de Jésus?

La Congrégation fondée par la Mère Virginie devenait un institut séraphique, et prenait offi-

1. V. *Annales franciscaines*, t. IV, p. 408, *ibid.* — Il n'est fait mention que de dix professes, d'une nouvelle prise d'habit, et d'une nouvelle profession.

ciellement le nom de Franciscaines Servantes de Marie.

Les Sœurs acquéraient, au ciel, des phalanges de protecteurs et de patronnes; sur la terre, des frères, des sœurs combattant sous la bannière de saint François, partageant avec elles leurs travaux, leurs mérites, leurs privilèges. L'avenir de la Congrégation était assuré, elle devenait un rameau du grand arbre franciscain dont la sève abondante reste intarissable. La Règle adoptée la mettait en effet à l'abri des idées variables des hommes, Rome seule pouvait y toucher. Par là encore, la Mère Fondatrice voyait se réaliser un de ses plus chers désirs, jusque-là toujours entravé : la récitation de l'office de la Sainte Vierge devenait une obligation de règle. Depuis plus de dix ans, la Fondatrice sollicitait cette faveur; M. Venot s'était proposé de lui donner satisfaction : « Je ne l'oublie point. Je m'en occupe. J'écris de tout côté pour avoir un modèle, que je préférerais à ce que j'ai préparé, ou au moins que je désirerais avoir pour comparer. C'est l'unique raison du retard... S'il vous était possible de m'obtenir un office du Sacré-Cœur, de la maison du Mans, j'en serais très heureux (1). »

A force de chercher et de comparer, rien n'avait été fait ni résolu. Par le fait de l'adoption de la Règle du Tiers-Ordre, la question était tranchée, le petit office traditionnel de la

1. Lettre de M. Venot, de la fin de l'année 1855.

Sainte Vierge s'imposait. Les Servantes de Marie furent heureuses d'offrir à leur Mère du ciel ce tribut de louanges et d'amour.

Par suite de la profession franciscaine, surgit une autre modification provoquée par la tradition séculaire des Ordres religieux. C'est d'adopter un nom de religion symbolisant l'oubli du passé et l'entrée dans une vie nouvelle. Toutes les nouvelles professes franciscaines se conformèrent à cet usage, resté depuis lors toujours vivant. Bien que l'habitude acquise d'appeler les premières religieuses par leurs noms de baptême subsista de longues années, nous ne la suivrons pas dans cette histoire et nous donnerons aux religieuses déjà nommées leurs nouvelles appellations :

Mère Virginie Vaslin, Fondatrice, prit le nom de Mère Marie Sainte-Claire ;

Mère Émélie Crosnier, celui de Mère Marie-Émélie ;

Mère Julie Ribouleau celui de Mère Marie de Saint-François ;

Mère Valérie Navereau celui de Mère Marie-Françoise des Cinq-Plaies ;

Mère Marie-Perrine Durand celui de Mère Marie de Jésus (1).

C'est encore le 17 septembre 1864, qu'a été

1. Nous passons sous silence plusieurs autres Sœurs dont les noms ne sont pas mentionnés dans cette notice, ainsi que Sœur Marie Saby, dont il a été fait mention, parce que celle-ci mourut en 1859 et fut la seule à ne pas porter l'habit du Tiers-Ordre franciscain.

prise la résolution de donner à toutes les religieuses le nom de Marie, pour leur rappeler qu'elles sont et seront toujours les servantes de la Servante du Seigneur.

La Fondatrice devenue la Mère Marie Sainte-Claire était au comble de ses vœux. Son Œuvre se trouvait debout après de multiples épreuves; l'horizon s'éclaircissait, et l'avenir lui souriait avec l'espérance d'une nouvelle vie de plus en plus féconde.

CHAPITRE VIII

TOURS

(1859-1876)

Les préliminaires de la fondation de Tours avaient été une réédition de celle du Mans. Au moment où l'existence de la Congrégation était en jeu, Mère Virginie avait préparé une solution favorable par un acte de confiance extraordinaire en la Providence, et celle-ci s'était jouée des hommes en brisant leurs projets. Si nous avons anticipé la marche des événements pour marquer l'épreuve et le couronnement final, il nous faut revenir en arrière et faire connaître deux fondations faites avant l'affiliation des Servantes de Marie à la famille religieuse du Séraphin de l'Ombrie. Commençons par Tours, la première en date.

Le 8 décembre 1859, fête de l'Immaculée-Conception, deux religieuses, les Sœurs Marie de Saint-François et Françoise des Cinq-Plaies, prenaient le train à Blois se rendant à Tours, pour inaugurer l'Œuvre permise et favorisée par Mgr Guibert. Leurs bagages n'étaient pas encombrants : un petit paquet de linge personnel et c'était tout; leur bourse était bien garnie, mais de gros sous jusqu'à la somme de 1 franc 50 centimes. De plus l'hiver était rigoureux, et la maison qui les attendait au n° 2, place de la Cathédrale, inhabitée depuis longtemps, était froide et glaciale. Voilà les richesses à leur disposition; mais, véritables enfants de la Providence, elles ne se défiaient pas du lendemain. A Tours, comme ailleurs, l'expérience prouva que leur confiance était bien placée.

La Providence se fit représenter tout d'abord par M. Soreau, curé-archiprêtre de l'église métropolitaine. Il voulut héberger les Sœurs pendant huit jours à sa propre table. C'était là un luxe qui devait céder la place aux épines de la pauvreté. En effet, en rentrant chez elles, les Sœurs avaient pour tout mobilier de cuisine une pauvre cafetière suffisante pour préparer deux portions de soupe; avec l'arrivée des domestiques, il fallait la remettre au feu autant de fois que le nombre l'exigeait. M. Soreau comprit que cette pénurie ne pouvait durer. Il fit don, lui-même, d'une marmite pour pendre la crémaillère et de plusieurs ustensiles; il se mit ensuite à parcourir sa paroisse disant aux bonnes âmes : « Il m'est arrivé deux petites Sœurs pour fonder l'Œuvre des domestiques, mais elles sont très pauvres, elles n'ont rien et elles ont besoin de tout : chaises, tables, lits, couvertures. » Le résultat fut de pouvoir monter tant bien que mal deux lits pour les Sœurs.

Dès le troisième jour, deux domestiques se présentèrent. On ne pouvait les refuser. L'Œuvre était dès lors fondée, les nouvelles venues furent traitées comme les Sœurs; elles n'eurent dans les premiers jours, pour se reposer, que des paillasses. La Mère Saint-François s'empressa de leur adoucir leur refuge : des lits furent empruntés dans un magasin, et on acheta dans un autre, avec facilité de paiement, tout ce qui était indispensable : des étoffes pour des draps, des couvre-pieds et de la laine pour des matelas. Les deux Sœurs se mirent à l'œuvre avec empressement. C'était beaucoup de travail pour deux personnes, mais que n'auraient-elles pas fait pour les domestiques? Afin de gagner du temps, elles se privèrent de cuisine, et une servante, avec trois ou quatre sous, allait au fourneau économique chercher la pitance nécessaire.

Quand le travail d'ameublement fut moins pressant, les repas ne devinrent pas plus somptueux. Un ragoût de pommes de terre et trois sous de couenne de lard pour augmenter la portion, c'était assez pour deux repas, le tout assaisonné d'une piquette bien faible en guise de boisson. La Mère Saint-François qui donne ces détails, ajoute : « C'était assurément la force du bon Dieu, bien plus que la nourriture, qui nous soutenait. »

Par ailleurs les épreuves morales ne leur firent pas défaut. Nous avons déjà dit combien difficile et délicate est l'Œuvre des domestiques. Nous en trouverons à Tours deux preuves caractéristiques qui mirent la maison à deux doigts de sa perte. La première est le fait d'une domestique reçue sans défiance dans la maison.

C'était une pauvre malheureuse séduite, qui, pour cacher sa honte, recourut à un crime. La justice s'en mêla, la mauvaise presse clabauda contre les religieuses; celles-ci furent appelées comme témoins devant le tribunal. On comprit enfin qu'elles étaient elles-mêmes victimes d'un abus de confiance. Les émotions et les angoisses de ces tristes jours furent pénibles à ces épouses de Jésus-Christ, à ces Sœurs de charité. La Mère Saint-François en ressentit le contre-coup et tomba malade.

En même temps, un autre fait leur aliéna les sympathies de la société tourangelle. Une domestique placée dans une grande famille de Tours y était fort appréciée pour son service et pour ses qualités; mais, estimant cette place trop dure et au-dessus de ses forces, elle sollicita avec instance les Sœurs de lui trouver une autre situation moins accablante. Quand le changement fut opéré, la famille s'en prit aux religieuses, les accusant d'enlever les bonnes domestiques à leurs maîtresses; elle remplit les salons de Tours de ses plaintes, et fit décider qu'on priverait de tout secours et de toute aumône, ces religieuses qui, pour faire du bien aux domestiques, faisaient tort aux maîtresses de maison. Les plaintes allèrent même jusqu'à l'archevêque.

Toujours est-il que les aumônes, jusque-là d'ailleurs peu abondantes, furent supprimées aux pauvres Sœurs. C'était la détresse la plus absolue. Comment remonter la santé de Mère

Saint-François, complètement affaiblie par toutes ces émotions? Un jour, elle demanda un peu de viande; et la Sœur des Cinq-Plaies ne trouva pour l'acheter que deux centimes dans le porte-monnaie. Aussitôt elle se mit en quête et recueillit péniblement deux francs et fit pour la première fois un pot-au-feu dans la marmite donnée par M. Soreau.

Malgré ces épreuves, le nombre des domestiques augmentait, la maison en était pleine. Les deux religieuses réclamaient du secours. La Mère Sainte-Claire envoya une troisième Sœur à Tours dans les premiers jours de janvier 1860.

« Nous étions très contentes, car, à trois, nous formions une petite communauté, tandis que deux, ce n'était pas grand'chose. » Ce bonheur n'était pourtant pas sans souci. Tous les lits étaient pris et dédoublés, les bonnes avaient toujours les préférences. Où caser la nouvelle venue? Laissons la Sœur Marie de Jésus nous dire sa première réception à Tours, avec cette simplicité naïve qu'elle nous a montré dans le récit de ses premières impressions de postulante à Blois. « Le seul petit coin libre dans la maison était un petit *fourre-tout,* au-dessus de la cuisine où on mettait le linge sale (1); ma Sœur Supérieure me mit là, sans rien autre chose pour me coucher que ce linge sale, et pour toute couverture quelques draps neufs seule-

1. On y montait au moyen d'un escabeau.

ment. Je n'avais pas même un peu de paille, ni une pauvre couverture, et cela dans le cœur de l'hiver... Je vous assure qu'il y avait où attraper sa mort, si la main de Dieu n'avait pas été là, mais ce que Dieu garde est bien gardé, j'en ai une grande preuve. Moi qui suis un peu grande, j'étais obligée, lorsque j'étais montée dans mon réduit, de m'asseoir sur mes talons pour m'habiller et me déshabiller, jugez comme j'étais à l'aise! si je me mettais à genoux, je ne pouvais pas lever la tête, quelle position! Je suis restée trois semaines dans cet état, aussi j'avais attrapé un rhume si fort que je croyais en mourir. Lorsque je suis tombée dans un lit, je l'ai trouvé bien bon, si mauvais qu'il pouvait être; je pouvais au moins me redresser à mon aise. Ce qu'il y avait de pire, c'est que je n'étais encore que novice, et c'était bien dur pour la pauvre nature de débuter de la sorte. Je me suis dit bien des fois qu'il me fallait une double vocation pour avoir persévéré; mais le bon Jésus qui connaît si bien les besoins de chacun savait aussi que c'était par cette voie dure et pénible à la nature que je devais le suivre, afin de lui ressembler davantage. »

On le voit, la situation n'était pas brillante. Parfois les draps n'étaient pas suffisants pour le nombre des domestiques, alors on recourait à la charité des Pères Lazaristes, et le Père Diène, leur Supérieur, en prêtait volontiers. Ces Pères ont témoigné aux Servantes de Marie, de la maison de Tours, beaucoup d'intérêt. L'un d'entre eux, pendant plusieurs années, donna chaque dimanche une instruction aux domestiques. Plus tard un R. Père Jésuite, le P. Hervé, lui succédera dans cet apostolat des humbles.

La Sœur Marie de Jésus qui nous a raconté ses débuts dut retourner à Blois, quelques mois après, achever son noviciat et faire profession le 8 décembre 1860. Mais c'était pour revenir bientôt à Tours dans des circonstances particulières. D'un caractère ouvert et sans détour, d'un esprit vif, enjoué, elle possédait encore des qualités maîtresses de gouvernement, d'administration. Cependant, elle ne savait pas écrire. Riche nature, pleine de foi, mais restée inculte, n'ayant fréquenté aucune école par suite des nécessités de l'existence, elle a pourtant laissé quelques pages de sa main sur ces premiers temps de la Congrégation. Nous avons vu sa bonne humeur dans la souffrance, nous allons voir voir comment elle apprit à écrire par obéissance.

La fondation de Bourges était décidée en 1861, et la Mère Sainte Claire-avait résolu d'y envoyer Mère Saint-François avec Sœur Rose et de remplacer la première par Sœur Marie de Jésus.

Au moment où celle-ci quittait Blois pour sa nouvelle destination, Mère Sainte-Claire lui confia une lettre d'obédience à remettre à la Mère Saint-François, supérieure ; Sœur Marie de Jésus en ignorait le contenu.

La missive fut portée et remise à la destinataire, qui l'ayant lue, ne souffla mot et ne fit aucun geste d'étonnement.

Le soir, un peu avant six heures, au moment où les Sœurs allaient, selon l'usage d'alors, demander à la Supérieure la permission de communier le lendemain, Mère Saint-François, refusant de leur répondre, leur dit : « Mes Sœurs, demandez votre permission à Sœur Marie de Jésus, c'est votre Supérieure. »

C'est ainsi que celle-ci apprit sa nomination, elle en fut plus que surprise, et parlant d'elle-même elle s'écrie : « Quel crève-cœur, pour cette pauvre fille, de se voir à la tête de celles qui lui étaient supérieures par leur éducation ! »

Son ignorance lui semblait le plus grand obstacle à l'exercice d'une pareille charge. Elle sut la faire valoir quand Mère Sainte-Claire vint visiter ses religieuses.

— Ma Mère, je ne puis remplir la charge que vous m'avez imposée, puisque je ne sais pas écrire.

— Vous m'écrirez quand même, et je ne veux pas que vous m'écriviez par la main d'une autre Sœur.

— Mais, ma Mère, vous savez bien que je ne sais pas écrire.

Alors, Mère Sainte-Claire prit une chaise dans sa main, disant : « Tenez, ma fille, si je disais à cette chaise d'écrire, elle le ferait par obéissance, et vous, si vous voulez être obéissante, vous le ferez aussi parce que je vous le dis. »

La pauvre Sœur n'eut rien à répliquer à cette parole de grande foi, mais elle en resta « plus morte que vive », se disant à elle-même : « Je vais toujours essayer. » De fait, elle rendit compte de son administration de façon à être toujours comprise. Cet acte d'obéissance répondait à la foi de Mère Sainte-Claire. L'écriture de la Mère Marie de Jésus n'est pas d'une calligraphie bien moulée, ni d'une orthographe impeccable, mais elle est d'un caractère personnel et fort compréhensible.

Sous la direction de la nouvelle Supérieure, la maison de Tours se développa. Le nombre des domestiques demandant asile allait toujours croissant ; la règle fixée par la Mère Sainte-Claire était de ne jamais refuser celles qui avaient de bons certificats ; de mettre dans une maison sûre celles qui n'apportaient pas les renseignements désirés, ou de s'enquérir immédiatement de leur valeur morale. La maison devenait insuffisante pour les recevoir. Les religieuses prirent à bail une maison avec jardin, appartenant aux Sœurs du Cœur de Jésus, dites *Bigotines* et sise rue de la Bazoche. Cet agrandissement était d'autant plus nécessaire que des pensionnaires se présentaient. La première fut une personne de Châtellerault, âgée de cinquante ans et tombée en enfance. Pour toute fortune elle avait 50 francs et son lit. C'était une charge nouvelle pour la pauvreté des religieuses qui l'accueillirent de bon cœur. La malade était difficile et exerça longtemps la patience des religieuses. Leur charité eut pour récompense de leur attirer d'autres pensionnaires payant une rétribution convenable et les secours de quelques bienfaiteurs. C'est ainsi qu'elles eurent un jour une forte surprise, racontée par Mère Marie de Jésus : « Nous revenions de la messe à la cathédrale, et en rentrant je vois une voiture de literie déchargée dans la cour; je me pris à dire aux Sœurs : « Oh! mais c'est un peu fort, voilà une pen« sionnaire arrivée et je n'ai entendu parler de « rien. » Enfin, je m'informe de ce que cela voulait dire, et on me répondit : « C'est Mme Ma« hon de Montbazon qui nous fait ce don chari« table. » Jugez de notre surprise et de notre joie, il y avait de toutes sortes de linge et de la literie. »

Les religieuses n'étaient pas habituées à pareille charité qui leur rendait un si grand service. Elles s'empressèrent d'appeler les miséricordes divines sur leur bienfaitrice et sur son mari, mort peu auparavant.

Une fois installées (1863) dans la rue de la Bazoche, les Servantes de Marie obtinrent d'avoir à demeure le Saint Sacrement. Dès lors la maison fut complète et sa vie plus intense. Messe tous les jours, par le doyen du chapitre, M. Bourreau ; vêpres, prédication et salut tous les dimanches pour les bonnes qu'évangélisait un Père Lazariste; réunion mensuelle des tertiaires de Saint-François sous la direction de M. l'abbé Penne. Tout se faisait avec l'agrément de Mgr Guibert, qui eut toujours pour les Servantes de Marie une bonté paternelle.

Un autre personnage remarquable que nous ne saurions passer sous silence, s'intéressait aussi à l'œuvre des Servantes de Marie ; c'était M. Dupont, dit « le saint homme de Tours », dont la vie merveilleuse est bien connue. Il les connaissait avant leur installation à Tours, et leur adressa des pensionnaires. Mère Marie de Jésus, en retour, savait lui conduire aussi ses protégées. C'est ainsi qu'une jeune fille de dix-neuf ans, ne pouvant gagner sa vie et incapable de marcher, fut guérie par l'huile de la sainte Face et les prières de M. Dupont. Séance tenante, elle monta et descendit l'escalier du saint homme quatre à quatre, tellement elle était heureuse de sa guérison. Une autre jeune fille de Châtelleraut ne pouvait suivre sa vocation par suite d'une grande faiblesse de vue. « Eh bien, ma fille, lui dit M. Dupont, vous venez pour être guérie? — Oui, répondit-elle, si toutefois c'est la volonté du bon Dieu. — Allons, il ne faut pas dire cela, il faut dire je viens pour être guérie, et je veux être guérie. »

Le saint homme procéda comme pour tous ses miracles, et la jeune fille fut guérie, elle entra peu après chez les Sœurs de la Purification de Tours.

Quand le bail de la rue de la Bazoche vint à terme, les religieuses durent encore changer de domicile. Cette fois, elles désiraient un établissement fixe. Comment l'obtenir? Saint Joseph fut mis à contribution, mais pendant plus d'une année il fit la sourde oreille à toutes les prières, à toutes les neuvaines, à tous les sacrifices. Le menuisier se mit de la partie : il fit pour les Servantes de Marie une petite maison en bois que celles-ci pendirent au cou de saint Joseph, avec menace pour lui de garder cette rustique médaille jusqu'à la découverte d'un nouveau logis. Les Sœurs parcoururent le centre de la ville à la recherche d'une maison, mais en vain. Elles prirent alors saint Martin comme intermédiaire auprès de saint Joseph, il resta sourd. De guerre lasse, les religieuses firent une neuvaine à Notre-Dame Auxiliatrice. La solution vint par elle. Une maison assez grande et sans jardin, sise au 32 de la rue Colbert, était à vendre. Comme le propriétaire refusa de traiter à l'amiable, elle fut mise en adjudication, le résultat fut favorable aux religieuses; toute l'affaire fut traitée en quarante-huit heures.

Monseigneur, ayant eu connaissance de cette acquisition, félicita les Sœurs de leurs persévérantes prières et leur fit une abondante aumône en disant : « Enlevez la maison à saint Joseph et mettez à la place un sac de toile jusqu'à ce que la maison soit payée. » Les Servantes de Marie s'installèrent alors (1876) rue Colbert où elles se trouvent encore aujourd'hui.

Aux Œuvres des domestiques et des pensionnaires, les Servantes de Marie ont ajouté le dispensaire de l'Enfant Jésus. Chaque matin, une centaine d'enfants pauvres viennent là prendre les médicaments et remèdes qu'ils ne peuvent avoir dans leur famille. Un déjeuner est servi à ceux qui vont aux écoles. Des vêtements sont distribués à Noël par des dames charitables qui s'occupent de l'Œuvre, et qui les confectionnent chaque semaine dans l'ouvroir dirigé par deux religieuses. Les enfants maladifs et souffreteux reçoivent les secours et remèdes nécessaires. Un médecin est à leur disposition à certaines heures. Une salle de bain y est aménagée à l'usage des enfants. Enfin une des Sœurs fait le catéchisme plusieurs fois la semaine aux plus âgés ou aux retardataires, pour faire naître la crainte de Dieu et l'amour de Jésus dans ces âmes rachetées.

CHAPITRE IX

BOURGES

(1862-1878)

La fondation de Bourges n'eut pas, croyons-nous, une origine mouvementée comme ses aînées du Mans et de Tours. Aucun souvenir émouvant n'en est du moins parvenu jusqu'à nous.

L'Œuvre des domestiques était déjà en formation sous la direction du P. Bauvais, de la Compagnie de Jésus. Sur ses conseils, une ancienne domestique s'était retirée dans une petite maison de la rue des Juifs, et devait donner l'hospitalité aux servantes sans asile ou sans place. La maison était suffisamment meublée et fournie de linge, mais l'Œuvre était au-dessus des forces de cette personne. Les Servantes de Marie prirent sa place ; voici dans quelles circonstances.

Le P. Bauvais, en présentant une postulante à Mère Sainte-Claire, lui demanda, en 1861, si elle était en mesure de fonder l'Œuvre des domestiques dans la ville de Bourges, avec le consentement préalable de Mgr de la Tour d'Auvergne.

Le petit nombre des sujets pouvait y mettre obstacle. La Congrégation comptait alors seize professes et quelques novices et postulantes.

La Mère Virginie accepta pourtant les projets du P. Rousseau, et choisit pour cette fondation Mère Saint-François, supérieure de Tours, et Sœur Rose. Ces deux religieuses arrivèrent à Bourges, le 29 décembre 1861.

Leur première préoccupation ne fut pas de se procurer la « marmite », premier ustensile nécessaire du ménage, mais de faire l'inventaire de la maison de la rue des Juifs, de concert avec le P. Bauvais. Il fut convenu que le mobilier resterait aux religieuses, si elles séjournaient dix ans dans la ville. Cette cession conditionnelle d'un pauvre mobilier allait être amplement compensée par un travail quotidien et par un dévouement que l'or et l'argent ne peuvent solder. Ce contrat préservait la maison des soucis des premiers jours et des difficultés temporelles rencontrées au Mans et à Tours.

Les Servantes de Marie, arrivant à Bourges, trouvèrent un puissant protecteur dans l'illustre prélat Mgr de la Tour d'Auvergne, qui voulut rester lui-même le supérieur ecclésiastique immédiat de leur communauté. Cette condescendance donnait aux religieuses la facilité de traiter leurs affaires avec l'archevêque qui les recevait toujours avec une aimable simplicité.

Par ailleurs, le P. Bauvais s'intéressa à l'Œuvre des religieuses, et poussa le dévouement jusqu'à quêter dans la ville en leur faveur.

L'Œuvre des domestiques ainsi patronnée, prit une rapide extension. A Bourges, comme ailleurs, les Servantes de Marie devaient mettre en pratique la parole de saint François : « Nous sommes pèlerins et étrangers sur la terre » et changer d'hôtellerie. La maison de la rue des Juifs devint trop étroite pour abriter les domestiques. Les Servantes de Marie se réfugièrent d'abord dans la rue Bourbounoux. Cette maison ne devait être dans leurs projets qu'une étape, parce qu'elles n'avaient pas la facilité d'y conserver le Saint Sacrement, premier trésor des communautés religieuses. Mais l'étape compta de longues années d'attente, les recherches les plus multipliées ne firent pas découvrir une maison convenable au développement de leur œuvre.

Enfin, en 1878, une maison sise rue Béthune-Charost fut mise en vente ; sans être bien grande, elle répondait aux désirs des Servantes de Marie. Un jardin attenant serait d'une grande utilité et permettrait d'étendre les constructions.

Le projet d'achat fut soumis à l'archevêque de Bourges qui donna toute liberté. Le contrat fut passé avec facilité de paiement, et après les réparations urgentes, les Servantes de Marie s'établirent dans leur nouvelle demeure, le 24 juin 1878, fête de saint Jean-Baptiste. M. le chanoine Robin fit alors le plan d'une petite chapelle, qui, approuvé par Monseigneur, fut mis à exécution.

Mgr de la Tour d'Auvergne, toujours bienveillant et paternel pour les Servantes de Marie, vint visiter la petite chapelle avant de la livrer au culte ; quelques jours après, le prélat mourait, laissant les Servantes de Marie dans le deuil d'un protecteur et d'un bienfaiteur insigne.

Nous ne pouvons omettre, dans l'histoire de cette maison, un fait extraordinaire dont une religieuse fut l'objet.

La Mère Marie de Jésus le raconte ainsi : « Le 11 janvier 1873, la supérieure de la maison m'écrivait de me rendre à Bourges, qu'une de ses Sœurs était très mal et qu'elle avait reçu les derniers sacrements. Je partis le 12, de Blois, et j'arrivai à Bourges vers les quatre heures du soir. J'avais un grand désir de la voir, et je n'osais sonner, tant je craignais une mauvaise nouvelle. Nos Sœurs la préparaient doucement à me voir, et lorsqu'elle m'aperçut, cela lui fit une certaine réaction qui dura peu. Vers six heures, je dis à la malade : « Nous « allons commencer une neuvaine à Notre-« Dame de Lourdes à votre intention. — Je vous « défends de mourir, vous êtes trop jeune et « vous n'avez encore rien fait pour le bon « Dieu. » Puis, je lui fis prendre un peu de bouillon gras qu'elle ne vomit pas ; un peu plus tard, lui ayant fait faire un œuf au lait, je lui en donnai un peu et elle le garda également. C'était déjà du mieux, jusque-là elle ne gardait pas même la glace qu'on lui faisait prendre. J'avais mis de l'eau de Lourdes dans tout ce qu'elle prenait. L'heure du coucher étant arrivée, je lui fis prendre une cuillerée d'eau de Lourdes, et je lui dis : « Maintenant, vous allez dormir « toute la nuit ; je vous mets là ce reste d'œuf « au lait que vous prendrez si vous en sentez le « besoin. » O merveille ! la malade s'endormit à neuf heures pour ne se réveiller qu'à quatre heures, le lendemain matin, complètement guérie. »

L'émotion fut grande dans la communauté et dans la ville. Le même matin, pendant la messe, une dame sonnait à la porte pour demander des nouvelles de la malade, qu'elle avait vue la veille à l'agonie. Quelle ne fut pas sa satisfaction de trouver devant elle l'agonisante de la veille, prête à lui répondre. Le P. Michau, jésuite, fut aussi très surpris de voir la Sœur assister, le lendemain, à une messe et communion d'action de grâce dans la chapelle des Révérends Pères.

D'autres faveurs semblables furent accordées à la maison de Bourges ; nous ne voulons signaler que celle-ci où le ciel prend sous sa protection les petites Sœurs quêteuses qui s'en vont par la campagne demander à la charité les ressources qui alimentent les œuvres de la maison. C'était dans les environs de Châteauneuf; Sœur de la Compassion et Sœur Saint-Étienne gagnaient un village dont le curé, considéré comme un saint, ne les avait jamais reçues. Grande fut leur surprise de le voir venir à leur rencontre ; il leur dit : « Mes Sœurs, je vous attends depuis ce matin, venez, votre couvert est mis. » A peine à table, les larmes aux yeux, il nous raconta ce qui s'était passé la nuit. « J'ai vu, nous dit-il, dans une nuée très élevée, deux personnes vêtues de blanc sans pouvoir les distinguer, mais peu à peu, la nuée descendant jusqu'à terre, y déposa ces deux personnes, vêtues du costume de bure que vous portez. Elles me parurent couvertes de poussière et de sueur et exténuées de fatigue. Ce sont bien là, nous dit-il en nous regardant, les deux physionomies que j'ai vues cette nuit. Il m'a été aussi montré autre chose, mais je ne puis vous le dire. »

Le ciel veillait ainsi sur les petites Sœurs et favorisait leurs démarches comme leurs œuvres.

Celles-ci sont toujours vivantes, soit en faveur des domestiques, des pensionnaires, soit que les Sœurs se fassent gardes-malades. Depuis 1904, elles ont ajouté le service d'une clinique, rue Carnot.

CHAPITRE X

PREMIER CHAPITRE. — PREMIÈRE MAISON. LA GUERRE DE 1870.

(1866-1870)

Les premières fondations, faites sans ressources, sans appui, donnaient à la Congrégation des centres de recrutement. En les multipliant trop hâtivement, on risquait de compromettre la vie intérieure de la communauté et sa formation. Il était sage et prudent de s'arrêter dans cette voie; le Supérieur ecclésiastique M. Venot le comprit.

Des personnes pieuses, entre autres une religieuse avaient précédemment sollicité le Supérieur et la Fondatrice d'établir une maison à Paris. Malgré les avantages offerts on regarda cette fondation comme prématurée, et les pourparlers furent interrompus.

Après la fondation de Bourges, il y eut une période de repos, de recueillement qui permit à la Congrégation de se replier sur elle-même, de se raffermir dans ses œuvres, et enfin de mesurer son dévouement à la formation de son esprit religieux.

Nous en avons vu le résultat au chapitre VII. Mère Sainte-Claire couronna son Œuvre par l'adoption de la Règle du Tiers-Ordre régulier de Saint-François, par des retraites annuelles où les religieuses se retrempaient dans l'amour de leur saint état. C'est pourquoi la retraite de 1864 est restée gravée dans les mémoires par la profession des premières Franciscaines Servantes de Marie.

M. Venot avait veillé sur la petite Congrégation dès son origine, et connu les difficultés antérieures. Voici comment il jugeait cette période décisive pour la Congrégation : « Sa fondation fut difficile, son développement assez lent ; soumise à bien des épreuves extérieures et intérieures, elle fut plus d'une fois exposée à disparaître sous le coup de la tempête, mais le bon Dieu veillait sur elle.

« Après quelques années de fluctuations, d'essais, de tâtonnements, la petite Société trouva enfin sa voie ; une inspiration qu'on peut regarder comme divine la porta à se faire greffer sur l'arbre six fois séculaire, planté par le séraphique Père saint François d'Assise, ce fut son salut. A partir de ce jour, la sève vivifiante du Tiers-Ordre régulier coula dans ses faibles rameaux et féconda l'arbuste (1). »

Dès lors, la Congrégation avait trouvé sa voie, elle avait conquis la sécurité et une paix stable avec la pénétration de l'esprit franciscain. Celui-ci s'alliait merveilleusement avec la simplicité, la droiture de ces âmes éprises de dévouement. Une ferveur nouvelle s'épanouit dans

1. Instruction pour la prise d'habit des Sœurs de l'Annonciation et de la Purification, 25 mars 1887.

les communautés avec la bénédiction fécondante de saint François.

Deux années de cette vie religieuse, écoulées dans la paix et la régularité, firent croire à la Mère Sainte-Claire que l'Œuvre voulue par Dieu était définitivement établie, avec sa vitalité propre. Dès lors, elle estima que son rôle était terminé, et, par un sentiment de profonde humilité, elle sollicita Mgr Pallu du Parc de la décharger de toute supériorité et de lui permettre de vivre sous l'obéissance comme une simple religieuse. Par ailleurs, ses luttes, ses souffrances, ses travaux incessants et toujours pénibles avaient gravement compromis sa santé.

Le prélat refusa à plusieurs reprises de répondre à ses demandes, mais, en 1866, à l'occasion de la retraite annuelle, il céda aux nouvelles instances de la Mère Sainte-Claire. Par le fait, les nouvelles constitutions allaient entrer en jeu pour la première fois dans l'élection d'une nouvelle Supérieure. C'était au mois d'octobre 1866. Toutes les religieuses présentes prirent part au vote, sous la présidence de M. Venot. Ce fut ainsi un premier chapitre général. Les voix se portèrent sur la Mère Marie de Jésus, supérieure de Tours. Pendant que celle-ci gémissait sous le lourd fardeau de la supériorité, on vit un spectacle touchant, Mère Sainte-Claire, le visage illuminé par une joie indicible, vint à ses pieds lui promettre obéissance avec toutes les Sœurs.

A cette occasion, Mgr Pallu du Parc donna aux Franciscaines un témoignage de grande bonté paternelle. Il ratifia les décisions du chapitre et donna l'ordre à toutes les religieuses de se rendre le lendemain en pèlerinage à Notre-Dame des Aydes, pour une messe d'action de grâces, qu'il célébrerait lui-même pour la nouvelle Supérieure, pour la Fondatrice et la Congrégation. Le temps était mauvais, les chemins couverts de boue, le prélat se rendit pourtant à pied au sanctuaire, à la grande édification et à la confusion des Servantes de Marie.

Mgr Pallu du Parc éprouvait en ce jour une grande satisfaction. La petite Société, qui jusque-là n'avait fait que languir, enfonçait ses racines de plus en plus dans le sol blésois. Le prélat se félicitait en ce moment de n'avoir pas cédé aux instances et aux manœuvres de ceux qui avaient tenté de l'anéantir ; l'avenir lui paraissait assuré et il en attendait une nouvelle prospérité. C'est pourquoi il avait voulu mettre les Franciscaines Servantes de Marie sous la protection de Notre-Dame des Aydes, la Vierge miraculeuse, vénérée des Blésois.

La Mère Marie Sainte-Claire ayant renoncé à la direction de la Congrégation, accepta, sur les instances qui lui furent faites, d'être Supérieure de la maison du Mans.

Là, si son travail fut aussi intense que les premières années, la souffrance resta toujours sa compagne ; elle édifia ses religieuses par son humilité, sa patience et sa résignation. Bientôt, elle ne put réagir contre le mal, et devint incapable de se suffire.

Il fallut la ramener à Blois où le repos, les soins empressés et affectueux de ses filles donnaient l'espoir d'un regain de vie. De fait, arrivée à la maison du Puits-Châtel la vénérée Mère retrouva de nouvelles forces qu'elle consacra encore au service des âmes.

Nous avons nommé la maison du Puits-Châtel. Les Servantes de Marie venaient, en effet, de terminer leurs pérégrinations. Quelques années auparavant, elles avaient quitté le Bourg-Saint-Jean, pour se fixer sur la place Saint-Louis ; c'est là qu'elles avaient revêtu les livrées franciscaines et tenu leur premier chapitre ; c'est de là qu'elles descendirent dans la rue tortueuse du Puits-Châtel, au pied de la colline, dominée par la cathédrale. M. l'abbé Venot avait acheté cette maison au mois de juin 1869. Pour la première fois, les Franciscaines devenaient propriétaires d'un immeuble, ce qui faisait dire à la Mère Sainte-Claire : « Voilà le commencement des tracasseries. » Elle aurait souhaité, à l'exemple de saint François, que sa Congrégation n'eût aucune propriété.

Un bienfaiteur de la communauté faisait écho à ses sentiments; il dit aux religieuses : « Vous voilà propriétaires, que cela ne change rien au but que vous vous êtes proposé à l'origine de votre fondation. Restez toujours simples et petites, vous avez été créées pour vous occuper des humbles et des petits; si vous cherchez à vous élever, en affectant des airs de grandeur, ceux et celles pour qui vous avez été fondées n'oseront plus vous aborder. Restez ce que vous êtes, si vous voulez être agréables au bon Dieu. Le champ est vaste, vous avez où vous étendre. »

Ce conseil judicieux a été suivi, et les Franciscaines Servantes de Marie sont restées populaires à Blois, et ailleurs, par leur dévouement incessant aux pauvres et aux humbles.

Les désirs de ce bienfaiteur, qui avait contribué à l'achat de la maison, n'étaient pas encore satisfaits. Il voulait une chapelle pour compléter l'établissement, elle était nécessaire. On se mit à l'œuvre sans tarder ; bientôt s'éleva un édifice de petites proportions, d'aspect modeste, qui est encore de grande utilité pour les Servantes de Marie, pour les réunions des domestiques, pour les infirmes et malades de la partie basse de la ville dépendant de la paroisse Saint-Louis. Les murs n'étaient pas encore secs que M. Venot procédait à la bénédiction de cet oratoire public, et le dédiait à Notre-Dame de Lourdes. C'était le 31 juillet 1870.

Les Franciscaines Servantes de Marie devaient racheter cette joie de posséder une chapelle avec Jésus Hostie par de nouvelles épreuves et de nouvelles souffrances.

La guerre franco-allemande était déjà déclarée (15 juillet). Bientôt la France était envahie par les armées prussiennes, et Blois, comme beaucoup d'autres villes, connut les horreurs de l'invasion. Avant l'entrée des Allemands dans la ville, une ambulance avait été installée au château où tous les blessés étaient recueillis indistinctement. Le dévouement des religieuses fut mis à contribution pour soulager les malheureux blessés dispersés dans soixante et une salles. Les Sœurs de l'Espérance donnaient leurs soins aux plus malades, et surtout aux amputés, les Sœurs de la Providence furent chargées de la lingerie, et les Franciscaines Servantes de Marie se trouvaient un peu partout, chargées des provisions et des distributions selon le nombre de soldats hospitalisés. Pendant cinq mois elles restèrent ainsi au service des blessés dans le château de Blois, passant souvent des nuits sans sommeil. Outre les soins donnés à ces soldats mutilés, leur présence facilita le ministère des prêtres. De pauvres enfants des landes bretonnes étaient couchés là sans pouvoir parler à Dieu dans leur langue maternelle, et en recevoir en paix les bénédictions et les divins pardons ; mais ils trouvèrent, parmi les Franciscaines, des Sœurs de Bretagne parlant le même idiome. C'était la petite patrie qui leur apparaissait sous la cornette blanche; un rayon de joie et d'espérance illumina leurs jours de douleur. Ils n'hésitèrent plus à se servir des Sœurs Franciscaines comme interprètes pour avouer aux prêtres leurs fautes, et recevoir en retour les grâces du ciel et au besoin les derniers sacrements. Mère Marie de Jésus réveilla dans les âmes les accents de la foi la plus vive, reçut bien des confidences, qui lui faisaient dire plaisamment plus tard : « J'aime mieux confesser mes soldats que mes filles. »

Des dames de la ville, avec une charité chrétienne et un dévouement patriotique, s'étaient chargées de soigner et de panser les soldats dans plusieurs salles ; mais lorsque les troupes allemandes furent maîtresses de la ville, elles abandonnèrent leur poste pour sauvegarder leurs foyers et leurs familles. Les religieuses restèrent donc seules avec les médecins et quelques infirmiers. Les docteurs se trouvaient surchargés, mais ils n'abandonnèrent pas leur poste de dévouement. Quelques-uns cependant, dominés dans ces temps de calamité publique par une aberration mentale d'un sectarisme étroit, ne voulaient pas soigner les malades là où se trouvaient des religieuses, mais pris au dépourvu par le départ des dames, et se trouvant seuls pour les pansements, ils furent bien aises de trouver à leur disposition ces dévouements désintéressés. L'expérience et le contact journalier avec les religieuses les ramenèrent à des idées plus saines. Ils apprirent à apprécier les Sœurs et à rendre témoignage à leur infatigable activité.

Pendant que les Franciscaines étaient au château, que devenait la communauté du Puits-Châtel ?

Les Allemands, en pénétrant à Blois, avaient repris leurs blessés, soignés au château avec les Français. Ils voulurent en donner un certain nombre à la maison du Puits-Châtel, et se disposaient déjà à établir leur matériel dans les cours. On leur fit comprendre que les religieuses étaient employées au service des blessés à l'ambulance du château. La communauté fut alors exemptée d'abriter et d'héberger les vainqueurs, contre la promesse de fournir des religieuses à leur ambulance principale établie à la Préfecture. De fait, des Sœurs furent choisies pour ce poste d'autant plus difficile qu'elles ignoraient la langue allemande.

La communauté exemptée de cette lourde contribution de guerre n'en était pas moins réduite à la misère. Les religieuses se trouvaient sans provisions, sans charbon et sans bois pendant ce rigoureux hiver de l'année terrible; elles étaient privées de lumière, se nourrissaient de pain sec, et n'avaient pas même d'huile pour entretenir la lampe du sanctuaire.

Les Sœurs de l'ambulance, témoins de cette détresse qui se prolongeait, se risquèrent à demander au Comité français de l'administration quelques provisions pour leurs Sœurs du Puits-Châtel. La demande fut agréée, et les religieuses reçurent quelques boisseaux de pommes de terre, de l'huile. Un charretier alla à la forêt chercher du bois pour elles, mais, à son retour, les voisins qui souffraient de la même détresse déchargèrent promptement la voiture, chacun emportant ce qu'il pouvait.

Si la maison de Blois eut à souffrir de la

guerre, et à se dévouer généreusement aux blessés, celle du Mans ne lui céda en rien à ce poste d'honneur. La Mère Saint-François, qui en était Supérieure, transforma sa communauté en ambulance. Elle alla s'offrir aux autorités civiles et se mettre à leur disposition, promettant qu'elle et ses Sœurs donneraient tous leurs soins aux pauvres blessés. Elle ne demandait en retour, vu la pauvreté de la communauté, que les secours nécessaires d'approvisionnement. Les Franciscaines du Mans eurent ainsi jusqu'à trente malades à la fois.

Les médecins et officiers qui ont vu Mère Saint-François à l'œuvre, ont dit d'elle « qu'elle était la femme forte, énergique, courageuse, capable d'entreprendre de grandes choses ». Après la guerre, son dévouement aux blessés fut reconnu, elle fut décorée de la Légion d'honneur.

Les dures nécessités de la guerre avaient mis en évidence, dans un cercle pourtant restreint, le zèle et le dévouement des religieuses Servantes de Marie, formées à l'école de la Mère Sainte-Claire. Celle-ci paya aussi de sa personne.

Les alarmes, les inquiétudes provoquées par l'envahissement du territoire, l'horreur instinctive à l'approche des Prussiens protestants, les douleurs et les souffrances de la maladie qui paralysaient ses forces, décidèrent la Mère Sainte-Claire à quitter Blois, pour se retirer, en pleine campagne, à la Chapelle-Gaugain, près de son pays natal. Elle s'y croyait plus en sûreté. Mais, quelques jours après, l'ennemi était dans la contrée.

La famille Gruau, qui avait connu Mère Sainte-Claire dans sa jeunesse, et avait toujours pris intérêt à son œuvre, s'était mise à la tête d'une ambulance à Vancé. M. Gruau, maire de la commune, fit appel à sa charité, en lui disant : « Allons, Virginie, à l'œuvre, voilà l'ennemi, il faut aller porter secours aux blessés. »

Alors, par un héroïque effort, pour dompter ses propres souffrances, Mère Sainte-Claire se mit à l'œuvre et soigna nos malheureux soldats tant que sa présence fut nécessaire. On eût dit que son mal avait reculé devant l'énergie de sa volonté et l'ardeur de sa charité. Cet effort n'empêcha pas la maladie de faire des progrès.

L'œuvre qu'elle accomplit à Vancé lui mérita les remerciements du Conseil municipal que lui transmettait M. Gruau par la lettre suivante :

« 1871, le quinze avril.

« MADAME,

« Lorsque les tristes événements que nous venons de traverser ont mis la commune de Vancé dans la nécessité d'établir une ambulance, vous avez bien voulu en accepter la direction. Le Conseil municipal, interprète du sentiment public, vient de me charger de vous transmettre, avec ses remerciements pour les services que vous nous avez rendus en cette circonstance, l'assurance de son respect.

« Moi, qui vous ai vue à l'œuvre, ma bonne Sœur, et qui ai pu apprécier, chaque jour, le zèle, le dévouement et l'intelligence qu'il vous a fallu déployer pour improviser, diriger et mener à bien l'entreprise qui vous était confiée, je suis heureux d'avoir la mission de vous donner ce témoignage de notre reconnaissance et de joindre nos remerciements aux sentiments de gratitude que vous exprimaient les pauvres soldats que vos soins remettaient en état de reprendre service.

« Veuillez...

« *Le maire de Vancé,*

« GRUAU. »

Après la guerre, les Servantes de Marie reprirent leurs œuvres ordinaires, profitant de toutes les occasions pour se dépenser au service du prochain dans la maladie et la souffrance, pendant que la Mère Sainte-Claire, retirée dans la solitude de la Chapelle-Gaugain, se purifiera de plus en plus par la bonne souffrance.

CHAPITRE XI

LA CHAPELLE-GAUGAIN. — EN FACE DE L'ÉTERNITÉ.

Nous avons parlé de la Chapelle-Gaugain, où s'était retirée Mère Sainte-Claire fuyant l'invasion des troupes allemandes. Le choix de ce refuge n'était pas sans raison, ce village possédait une de ses maisons, la dernière en date de ses fondations. Si nous l'avons passé sous silence dans les pages précédentes, c'est que son origine et ses commencements sont restés imprécis. Cet établissement était alors la Joubardière en la Chapelle-Gaugain.

Fonder une œuvre, sans ressources présentes ni à prévoir, en pleine campagne, dans cette vaste région comprise entre Ruillé-sur-Loir, Courdemanche, Saint-Georges et Vancé, pouvait déconcerter toute sagesse humaine; et pareil projet pouvait être taxé de folie. Mais les âmes saintes ne mesurent pas leurs entreprises au niveau de la sagesse des hommes, leurs pensées sont plus élevées et leurs regards perçants vont chercher au ciel les mobiles de leur conduite. Mère Sainte-Claire était de ce nombre; âme évangélique et apostolique, elle aimait comme le Sauveur Jésus et les saints franciscains sa petite patrie, et, à leur exemple, elle voulait faire bénéficier ses habitants de ses œuvres et de son apostolat.

Son grand désir et son grand espoir était d'élever à la Joubardière comme une chapelle de secours au service des nombreux hameaux dont les habitants, trop éloignés de leurs paroisses respectives, étaient privés de l'instruction et de la pratique religieuses. Son zèle pour le salut des âmes lui faisait encore caresser, dans un espoir lointain, l'idée que cet établissement devînt assez prospère pour avoir à demeure un aumônier qui desservirait ces hameaux déshérités.

Ce rêve d'apostolat ne s'est pas réalisé ; jusqu'à présent la Providence en a décidé autrement. La ferme de la Joubardière a été abandonnée et les Servantes de Marie se sont établies au bourg de la Chapelle-Gaugain en 1878. L'œuvre de la fondatrice a subsisté jusqu'à nos jours, malgré les prévisions humaines, malgré les épreuves et les souffrances sans nombre dont nous ne connaissons l'étendue et l'intensité que par des projets ou des menaces réitérées de fermeture ; preuve manifeste que la volonté de Dieu a présidé à cette fondation. Plus la Mère Sainte-Claire rencontrait de difficultés dans ses entreprises, plus elle était convaincue que c'était l'œuvre de Dieu et que ses idées personnelles n'y étaient pour rien. Au contraire, quand tout allait à souhait, elle se demandait à elle-même, et le disait simplement : « Je ne sais pas si le bon Dieu est content. »

Toutes ces raisons lui faisaient chérir son établissement de la Chapelle-Gaugain comme son

Benjamin. Elle l'appelait « sa chère Chapelle ».

Un autre motif de cette prédilection était l'œuvre entreprise dans cette maison. Ce n'était plus l'œuvre des domestiques, qui eût été sans raison dans cette campagne. C'était la réalisation de son songe mystérieux de Tours où les miséreux, les plus déshérités de la terre lui étaient confiés par un personnage mystérieux, un habitant du ciel. La maison de la Chapelle-Gaugain hospitalise des vieillards auxquels les Servantes de Marie donnent leur dévouement et leur vie à l'égal des Petites Sœurs des Pauvres; elle hospitalise encore de plus infortunés, des malheureux que leur maladie éloigne de toute société, des épileptiques. Le soulagement de ces derniers demande un dévouement, une charité de tous les jours, d'autant plus admirable qu'il est plus difficile, car les inclinations de la nature n'y trouvent aucune satisfaction.

Le premier projet de Mère Sainte-Claire n'avait pas été d'ouvrir un asile aux vieillards et aux épileptiques, mais de recueillir les orphelins et orphelines abandonnés, et de faire de la Joubardière une colonie agricole. Elle adressa dans ce sens une demande à M. l'abbé Dubois qui, à cette époque, était le tuteur des enfants de l'hospice du Mans. La réglementation d'État prescrivant de garder les enfants jusqu'à l'âge de vingt et un ans, mit obstacle à ses projets, et sa compassion pour les malheureux lui fit alors penser aux vieillards et aux épileptiques; plusieurs se présentèrent et furent reçus dès que la maison fut ouverte.

Quand Mère Sainte-Claire se retira à la Chapelle-Gaugain, son Benjamin ne marchait pas encore tout seul. Le personnel et les ressources étaient encore restreints; et la fondatrice venait s'y réfugier avec le désir d'y terminer sa course et de donner, avant son départ, à sa chère Chapelle, ses préoccupations et ses tendresses maternelles. Toutes ces raisons ne pouvaient que rendre cette fondation plus chère à elle et à ses filles, les Servantes de Marie.

L'établissement de la Chapelle-Gaugain comptait déjà quelques années, mais jusqu'en 1869 il n'avait fait que végéter. A l'origine, vers 1858, Mère Sainte-Claire s'était préoccupée de cette région ; n'ayant pas le personnel suffisant pour y établir une communauté religieuse, elle avait installé à la Joubardière, et sous sa direction, une jeune Tertiaire de Saint-François dont elle connaissait l'esprit religieux et le dévouement. Celle-ci, longtemps après, entra dans la Congrégation et reçut le nom de Sœur Emmanuel. Une religieuse y fut envoyée pour la première fois en 1862, pour prendre la direction de la maison, d'autres suivirent et constituèrent une communauté.

C'est dans cet ermitage de la Joubardière en la Chapelle-Gaugain que nous retrouvons Mère Sainte-Claire après la guerre et son séjour transitoire à l'ambulance de Vancé. Cet endroit retiré plaisait à son cœur avide d'ombre, de silence et d'oubli. Là, elle jeta les derniers éclairs d'une vie sainte au point d'émerveiller le digne ecclésiastique, curé de la Chapelle-Gaugain, qui les conservera « comme un souvenir des plus précieux de sa vie sacerdotale ». Fidèle à ce souvenir, et malgré des propositions plus avantageuses, il a préféré rester là pour se dévouer à l'œuvre de Mère Sainte-Claire. C'est au témoignage et aux souvenirs de ce vénérable prêtre, M. Delaroche, encore curé de la Chapelle-Gaugain, que nous aurons recours pour faire connaître la vie de Mère Sainte-Claire pendant cette période qui va de la guerre au mois de juillet 1873.

Installée à la Chapelle-Gaugain, la bonne Mère Sainte-Claire avait pour compagnon inséparable un mal intérieur qui la consumait lentement et qui se manifestait parfois par d'atroces douleurs. Celui-ci, un peu atténué après le séjour de Blois, avait pris une recrudescence par suite des fatigues de l'ambulance. Il ne datait pas de la veille ; les médecins qui l'ont soigné en faisaient remonter l'origine à vingt-cinq ans en arrière. La bonne Mère le savait plus que tout autre : comme tous les saints, elle avait compris le prix de la souffrance, et elle avoua à ses religieuses « qu'elle l'avait demandé à Dieu pour la conversion des pécheurs ».

Le mal entrait dans sa dernière période et le dénouement final ne pouvait paraître éloigné. Mais quelles que fussent ses souffrances, jamais la bonne Mère ne proféra une plainte, elle redisait le refrain perpétuel de toute sa vie : « C'est la volonté de Dieu », et son âme se rassérénait dans la douceur et la patience.

Cette retraite aimée et choisie de la Joubardière devait être le creuset suprême d'où son âme devait sortir purifiée, rendue conforme au divin Modèle et être bientôt confrontée avec lui. Ce creuset était fait de solitude, de silence, de prière, de souffrance et d'amour.

La source de son amour et de sa force était l'Eucharistie. Son bonheur était de recevoir son Jésus. Mauvaise marcheuse par nature, la route lui devenait encore plus difficile par la souffrance. Toutefois, tous les jours, et plus tard trois fois par semaine, elle franchissait à jeun les trois kilomètres qui séparent la Joubardière de l'église paroissiale pour assister à la messe et recevoir la sainte communion.

Avant le retour, la vénérable mère du curé, avec un respectueux et joyeux empressement, l'invitait à descendre au presbytère et à prendre une modeste réfection. Combien de fois cette bonne personne lui dit en allumant un bon grand feu : « Approchez donc, ma Sœur, approchez donc vos pieds. Oh! mon Dieu, êtes-vous trempée! et vous avez pu rester comme cela toute la messe! il y a où attraper du mal! »

La Mère Sainte-Claire était très touchée de cette cordiale hospitalité, et chacun de ses « au revoir » était plein de sa reconnaissance. Il trahissait son cœur et semblait répéter ce qu'elle disait parfois : « Oh! la bonne matinée! me voilà heureuse et forte; j'ai mon Jésus!... Merci! merci de votre bonne amitié, à bientôt n'est-ce pas? » La séparation s'achevait par « un long regard, doux et angéliquement caressant » sur ses hôtes du presbytère, laissant dans leurs âmes le vif désir d'une prochaine entrevue. Si la Mère Sainte-Claire ne fit au presbytère que les visites nécessaires, le vénérable curé, qui s'intéressait à son œuvre, allait la surprendre dans son ermitage et doublait son bonheur et celui de son personnel.

« Je ne puis taire, ajoute encore M. Delaroche, le bonheur que j'éprouvais à la voir assister si recueillie à ma messe. Au moins, nous voilà deux à offrir le calice du salut! Et puis j'étais si sûr de faire deux heureux : Jésus d'abord, l'amant incomparable des âmes qui appelait, qui attendait sa bien-aimée pour se donner à elle; et cette sainte âme qui accourait de loin, ardente pour recevoir et emporter son Bien-Aimé. »

Deux voies mènent de la Joubardière à l'église paroissiale, la grande route plus directe, et un petit chemin désert plus long. C'est ce dernier qu'elle prenait ordinairement, à l'exemple du cordigère saint Benoît-Joseph Labre, pour être moins distraite dans sa méditation de l'aller et dans son action de grâces prolongée du retour. D'ailleurs passer inaperçue avait toujours été dans ses goûts! Ce qui ne l'empêchait pas d'apercevoir les malheureux et d'être sensible à leur détresse. « Un matin du samedi, jour de boucherie, elle emporte sa provision pour la semaine. Elle apprend qu'il y a sur son chemin une malade pauvre. Elle y va. Un coup d'œil suffit, son cœur est gagné, le panier est soulagé!... La voilà prise en flagrant délit de complaisance pour son sublime défaut qui était, en fait de charité, de ne savoir point calculer si, en donnant tout, il allait lui rester quelque chose. » On lit dans la vie du saint Curé d'Ars, le Tertiaire de Saint-François, des exemples analogues, y en a-t-il de plus beaux?

Ses religieuses lui ont fait plusieurs fois de pieuses remontrances au sujet de cette générosité, mais elle restait incorrigible, sa charité n'aimait pas les calculs, elle se regardait comme la mandataire de l'inépuisable Providence de Dieu. Sa compassion et sa charité bien connue pour les malheureux excitait l'admiration des habitants de la contrée qui l'appelaient « la bonne Sœur Vaslin ».

Le travail qu'elle poursuivit sans relâche dans sa retraite est celui de sa sanctification. A peine arrivée, elle ouvrit son âme au prêtre, avec confiance, avec abandon, bien convaincue par sa foi, que tout ministre du Seigneur possède, par grâce professionnelle, les aptitudes nécessaires à la gestion des intérêts des âmes. Or, « cette âme si franche, si ouverte, si naïve, — de cette naïveté de l'enfant dont Jésus a dit : Si vous ne lui devenez semblable, vous n'entrerez pas dans le royaume des cieux, — ne pouvait que se livrer tout entière, quand elle trouvait bon de se livrer ». Dans des entretiens plus prolongés, elle dévoila toute sa vie, toutes les difficultés de la fondation de sa Congrégation, toutes les épreuves qui l'ont traversée, et chacune de ses paroles était une preuve que Dieu seul avait pu aplanir les obstacles et faire sortir la vie et l'ordre de ce qui paraissait le chaos. « On aurait dit que jamais son âme n'avait trouvé occasion de s'ouvrir de la sorte. »

Pour ne rien oublier dans cette ouverture complète, elle fixait ses souvenirs sur un petit carnet. Là, son âme paraissait limpide comme le cristal, mais il ne devait être mis que sous les yeux de Dieu et de son représentant, et l'on comprend que l'heureux dépositaire de ce trésor intime ait voulu par discrétion s'en défaire en le jetant au feu.

Cette revue graduelle, faite à l'aurore de son éternité, risquait pourtant de rester incomplète. Le mal intérieur faisait des progrès alarmants; la force diminuait et la servante de Dieu ne pouvait plus aller que rarement à la messe. Quelques vomissements firent craindre pour la communion. Grande privation et grand sacrifice pour cette âme éprise d'amour pour l'Eucharistie! mais aussi grande tranquillité dans sa soumission. « C'est la volonté de Dieu », disait-elle. Cette volonté était la règle de toute sa vie.

Mais alors « plus que jamais, elle ouvre son âme toute grande. La lumière, la lumière dans les recoins les plus obscurs. Pas de pitié, la vérité; appelons mal ce qui est mal et bien ce qui est bien. Même dans ce qui nous apparaît le meilleur, défions-nous. Que toute illusion s'évanouisse. Le grand ennemi qui est l'amour-propre, a des habiletés, des subtilités telles que les plus experts s'y peuvent laisser prendre ».

Par ces paroles, elle faisait allusion à la supériorité où les honneurs reçus entraînent le danger de s'en attribuer personnellement une large part, où la dignité expose à l'indépendance et produit bien souvent une diminution dans la ferveur. Un grand spirituel a dit en effet du supérieur : « Ce sera merveille s'il ne se relâche pas dans la pratique de la mortification. » Mère Sainte-Claire fut cette merveille ; le confident de ses pensées et de toute sa vie fait en quelques mots son plus bel éloge et son plus grand panégyrique : « Elle était trop remplie du sentiment de sa petitesse et de son indignité pour que les suggestions du démon de l'orgueil aient eu jamais prise sur elle. »

« Mais les Saints sont tous les mêmes, ils s'estiment de grands coupables avec de petites fautes. Mère Sainte-Claire était remplie de confusion de se trouver si misérable, si infidèle à la grâce, par là même si ingrate qu'elle ne comprenait pas que Dieu ait pu la choisir pour faire son Œuvre. « Elle se faisait honte à elle-même ! »

C'est que la lumière divine, appelée la lumière de grâce ou de sainteté projetait ses rayons sur son âme, dissipant toutes les ombres, et alors la sainteté chétive de la créature se trouve confondue devant la sainteté éclatante de Dieu.

Rien n'échappait à cet examen minutieux : chaque détail était mis à sa place avec la recherche sincère des vraies intentions qui l'avaient guidée. « On eût dit qu'elle voulait assister ici-bas à une répétition du jugement particulier qui devait se faire sous peu, demandant une sentence sévère, dans l'espoir pressenti que le divin Juge, qui ne sera autre que l'Époux si bon, si aimant et si aimé de son âme, y apporterait une réforme toute de miséricorde. »

Dès lors la purification fut complète. La pierre de son âme était taillée pour prendre sa place dans le palais du ciel. Encore quelques jours et la souffrance va lui donner le dernier poli.

La maladie, en effet, suivait son cours. Jusque-là Mère Sainte-Claire était restée debout, mais elle va bientôt s'aliter, loin de son Jésus, loin de tout médecin, privée des secours les plus urgents tant spirituels que temporels.

Selon les sentiments de sa profonde humilité, elle désirait mourir près de sa « chère Chapelle », dans le fond d'une campagne, loin de toute satisfaction, loin de toute vanité. « Tirée par la main de Dieu de la situation la plus obscure, elle se laisse faire, monte sur la scène en pleine lumière; le Maître dit : « C'est assez, c'est bien », le rideau tombe et l'actrice fidèle et toujours humble aspire à son obscurité première. »

Les Servantes de Marie, qui aimaient et vénéraient leur fondatrice, vinrent l'engager, la presser de rentrer à Blois; dans quelques jours, selon l'avis du médecin, il serait trop tard, le transport serait impossible. Les prières, les sollicitations, les raisons de convenance, d'affection filiale auraient fait traîner én longueur la décision du départ sans entamer la résolution de la bonne Mère. Il fallait une autre parole. M. Delaroche le comprit et dit à la malade : « Ma fille, ma chère fille, il le faut; par obéissance, il le faut. »

Aussitôt le calme complet se fait dans son âme, elle sacrifie à l'instant, par obéissance, son désir d'être oubliée, acceptant de subir la mort autrement qu'elle l'avait innocemment rêvé. « Eh bien ! dit-elle, puisque le bon Dieu le veut, que sa volonté soit faite, et non la mienne, partons ! »

Son départ laissa d'unanimes regrets dans la contrée et un vide immense dans le cœur du vénéré pasteur. Tous l'estimaient et la regardaient comme une sainte, ils perdaient un trésor de bonté, d'humilité, de piété, de charité.

Ses jours à Blois ne seront plus qu'une souffrance prolongée jusqu'à ses derniers moments. Sa longue retraite de la Chapelle-Gaugain se poursuit encore sur son lit d'atroces douleurs. Elle est toujours en face de son éternité.

Comme saint François mourant, ayant dépensé sa vie au service de Dieu, elle croit n'avoir encore rien fait. « Priez le bon Dieu avec esprit de foi, disait-elle aux religieuses qui l'entouraient, qu'il m'accorde un peu de santé, pour penser à mon éternité. » Ou bien encore : « O mes chères filles, priez beaucoup pour moi, que Dieu me fasse miséricorde. »

Une jeune religieuse, celle-là même qui avait été guérie si merveilleusement à Bourges, remplit auprès de Mère Sainte-Claire les fonctions d'infirmière, et lui donna tous les soins que réclamait ses souffrances. La malade, toujours souriante, se laissait soigner comme un enfant, en prenait les sentiments, sans rien perdre de ses communications avec Dieu. Un jour, elle dit à cette jeune religieuse : « Vous serez un jour la Mère Générale de la Congrégation. » Cette prédiction dite d'une manière distraite, provoqua un sourire d'incrédulité ; mais les événements l'ont pourtant justifiée de nos jours.

Ainsi s'écoulèrent à Blois les trois derniers mois de son pèlerinage terrestre. A l'heure dernière, tout ce qui avait paru appréhension de la mort et de l'éternité faisait place à la joie d'aller retrouver l'Époux de son âme ; elle pouvait dire comme l'angélique sainte Agnès : « Me voici, je viens à vous, que j'ai toujours aimé, toujours cherché et toujours désiré. »

C'était le 10 octobre 1873, pendant l'octave du séraphique saint François, qu'elle avait aimé et imité dans son humilité, sa pauvreté, dans sa compassion pour toute créature souffrante, et dans ses dernières douleurs. Il n'est pas douteux que le bon Saint ait accueilli avec transport « la bonne Mère Sainte-Claire » à son entrée dans les parvis éternels.

Ses funérailles ne furent pas somptueuses. N'ayant fait à Blois que des séjours transitoires depuis une quinzaine d'années, elle y avait passé inaperçue, mais le cœur des domestiques ne put oublier celle qui s'était proclamée leur servante; elles assistèrent en grand nombre à son enterrement, et plus d'une, au lieu de prier pour le repos de son âme, lui adressa ses prières et ses recommandations. C'était le triomphe de sa vertu et de son dévouement.

La tombe qui renferma ses restes mortels fut plus tard ouverte; la mort avait fait son œuvre; le manteau noir fut cependant retrouvé presque intact. Avant de renfermer les ossements dans la nouvelle concession trentenaire, la Mère Saint-François qui avait fait procéder à l'exhumation, en sépara le crâne encore orné de cheveux et le transporta à la Chapelle-Gaugain, là où la vénérée Mère aurait voulu rendre le dernier soupir. Plus tard, il ne fut pas traité avec le respect dû aux reliques; une sensibilité excessive s'alarma de voir ce crâne dénudé et le mit presque au rebut. Il ne devait pourtant pas rester dans l'oubli. La Mère Saint-Gabriel, dans une visite canonique de la maison, retrouva le crâne de la Mère fondatrice et le rapporta à Blois, à la maison du noviciat. Plusieurs fois, des novices hésitantes ou tourmentées dans leur vocation se sont agenouillées devant cette relique, et ont obtenu le calme, la paix et la persévérance. Les Servantes de Marie ont conservé pour leur fondatrice une grande vénération.

Puissent ces quelques pages, écrites en son honneur, la faire mieux connaître, provoquer encore une confiance plus grande, susciter des vocations nouvelles pour la Congrégation qu'elle a fondée. Puissent-elles encore exciter le désir de lui ressembler, d'imiter ses vertus, dont nous sommes heureux de donner le raccourci dans les vers suivants qui peignent excellemment sa physionomie spirituelle :

Je crois la voir encore, l'humble religieuse,
L'œil fixé vers le ciel, cheminer en priant :
Je vois au temple saint l'attitude pieuse
Qui lui donnait l'aspect d'un ange suppliant.

Douceur, humilité, ces deux vertus du Maître,
Elle avait su, bien jeune, en faire ses vertus,
Toujours pauvre et petite, elle ne voulait être
En ce monde trompeur, qu'apôtre de Jésus.

Le dévouement obscur attirant sa grande âme
Elle ne désirait pour témoin que son Dieu
Dont l'amour en son cœur brûlait comme la flamme
Qui, d'un très pur cristal, s'épand dans le saint lieu.

Vierge prudente et sage, elle se trouva prête,
Quand pour le grand festin vint la chercher l'Époux;
Joyeuse, elle partit pour l'éternelle fête
Où les cœurs généreux se donnent rendez-vous!

CONCLUSION

Mère Sainte-Claire avait fait son œuvre. Sa vision merveilleuse de Tours était réalisée. La Congrégation des Franciscaines Servantes de Marie restait après elle, pour développer son apostolat et conquérir des âmes. Il semble que le ciel attendait de couronner la servante de Dieu avant de donner à sa Congrégation une fécondité nouvelle. Nous allons jeter un dernier coup d'œil sur les œuvres entreprises et sur la multiplication des communautés.

M. Venot fut jusqu'à sa mort, 6 février 1894, le Supérieur et vraiment le Père aimé des Servantes de Marie. Il présida à toutes les entreprises de la Congrégation. L'œuvre première, l'Œuvre des Domestiques, resta toujours l'objet de ses prédilections. Pour elle, dans un voyage à Rome (1870), il avait demandé au saint pontife Pie IX, une bénédiction spéciale. Le Pape, après avoir pris connaissance du but et des résultats, avait répondu : « Bien bonne œuvre, je la bénis de tout mon cœur. » Cette bénédiction fut encore renouvelée en 1875, et étendue à la Congrégation, lorsque Mère Marie de Jésus et Mère Saint-François se rendirent à Rome à l'occasion du Jubilé. Rien d'étonnant que cette œuvre d'assistance et de préservation soit restée intimement liée à la Congrégation des Franciscaines de Blois. Elle existe dans toutes les maisons de la Congrégation établies dans les villes. Si en 1870, M. Venot, parlant de la seule maison de Blois, pouvait dire que cent cinquante à deux cents domestiques venaient chaque année y chercher un abri, un refuge et une protection, les autres communautés peuvent encore donner dans des villes plus grandes un contingent plus considérable.

Que d'âmes doivent leur paix, leur bonheur, et peut-être leur salut éternel aux quelques jours passés dans ces maisons ou à leur affiliation aux Enfants de Marie, congrégation établie pour les domestiques, qui les maintient dans la voie du bien et leur assure la protection de la Servante du Seigneur. L'abbé Venot avait raison de dire : « Je connais plus d'une servante qui, en quittant cette ville, pleurait à la pensée qu'elle quittait un asile où elle avait recouvré l'amitié de Dieu, et la force et le courage qu'il faut avoir pour servir. »

Lorsque de pauvres domestiques, usées par l'âge et le travail, ne peuvent plus subvenir à leurs besoins, elles trouvent encore dans ces maisons un asile où elles sont reçues, soignées, aimées comme des sœurs, jusqu'à leurs derniers jours. Apportant leurs petites économies, elles sont sans souci du lendemain, et se préparent dans la retraite, le repos, au grand jour de l'éternité.

Toutes les maisons ont ajouté à ces œuvres

diverses le soin des malades à domicile depuis 1878, sur les instances de Mgr Laborde, évêque de Blois. Les pauvres connaissent bien la Servante de Marie, garde-malade, qui vient passer ses jours et ses nuits à leur chevet, s'occupe du ménage, des enfants, fait au besoin la cuisine, en un mot soigne le corps et relève le moral des malheureux. Il n'est pas rare de voir la Servante de Marie tendre la main aux riches et leur demander une aumône pour payer les mois de nourrice pour les pauvres petits privés de leur mère.

Combien de fois elles se sont enfermées dans des maisons visitées par le typhus et ne les ont quittées que frappées elles-mêmes par la maladie ou contraignant la maladie à reculer devant leur dévouement.

Les familles plus aisées estiment aussi la Servante de Marie comme garde-malade. Celle-ci se prête à tout, sans se montrer exigeante, mangeant seule ou avec la famille, selon la plus grande commodité ; passant les jours et les nuits presque sans se reposer, ensevelissant les morts, ou faisant près d'eux les veillées funèbres.

Par cette œuvre miséricordieuse de gardes-malades, les Servantes de Marie sont en relation avec toutes les classes de la société, très appréciées des docteurs et du clergé. Une Servante de Marie près d'un malade est une sécurité pour les pasteurs des âmes. Combien de fois n'ont-ils pas dit : « Nous sommes tranquilles, la petite Sœur gagnera le malade au bon Dieu, celui-ci se confessera et recevra pieusement les sacrements. »

Quelques maisons ont étendu leur dévouement à d'autres misères. Elles recueillent des hommes, des femmes âgées et infirmes, des épileptiques, comme à la Chapelle-Gaugain; des orphelines abandonnées, comme à Pavilly, Rouen. Les Franciscaines Servantes de Marie tiennent encore des cliniques, des ouvroirs, des dispensaires, en un mot elles se dévouent à toutes les œuvres de miséricorde.

Cette expansion de leur apostolat ne leur a pas fait perdre leur simplicité première. Les distinctions entre les religieuses sont inconnues, qu'elles viennent d'un milieu plus aisé ou du rang des servantes, aucune dot n'est exigée, elles sont admises à l'école séraphique du dévouement et de la charité sous la même règle et le même costume. Rien ne les différencie, elles sont simplement les sœurs des servantes et de tous les malheureux qu'elles soignent elles-mêmes, sans les procédés administratifs qu'on trouve dans d'autres congrégations. Un saint évêque, qui fut le Supérieur d'une maison de Franciscaines, appréciait grandement leur évangélique simplicité; il dit un jour à une religieuse : « Ma fille, faites toujours, toujours tout ce qui dépendra de vous pour maintenir dans votre communauté l'esprit de simplicité. Le jour où vous perdrez cet esprit, où vous voudrez faire les dames, vous n'aurez plus la bénédiction du bon Dieu sur votre petite famille religieuse. »

Cet esprit, elles le gardent comme un trésor de famille; c'est par lui qu'elles gagnent les cœurs, c'est par lui que la Congrégation s'est développée avec la bénédiction de Dieu.

Les premiers vœux perpétuels furent prononcés le 17 septembre, fête des stigmates de saint François (1888), à la clôture de la retraite prêchée par M. l'abbé Marmasse. Trente-huit religieuses, qui avaient dix ans de vœux, reçurent alors l'anneau d'alliance perpétuelle avec le céleste Époux des âmes pures.

Il restait encore pour couronner l'œuvre de Mère Sainte-Claire d'obtenir une approbation de Rome. A cette fin, en 1894, le T. R. P. Prosper de Martigné, Provincial des Capucins de Paris, de concert avec M. l'abbé Chevallier, vicaire général de Blois et supérieur ecclésiastique de la Congrégation, affilia solennellement les Servantes de Marie à l'Ordre des Frères-Mineurs Capucins. Le T. R. P. Timothée de Puyloubier retoucha alors les constitutions et le directoire des religieuses pour les accommoder aux exigences canoniques. Quand ce travail préparatoire fut achevé, Mgr Laborde, évêque de Blois, et tous les évêques des diocèses où les Franciscaines avaient des établissements, sollicitèrent de Rome une approbation officielle de la Congrégation et des constitutions des Servantes de Marie. Le pape Léon XIII accédant à leur demande, envoya un bref laudatif et commendatif des plus approbateurs.

C'était un grand pas de fait. Il ne reste plus

qu'à obtenir une approbation définitive et complète et nous espérons qu'après le laps de temps canoniquement exigé, elle viendra assurer la stabilité et la protection perpétuelle de l'Église à l'œuvre de l'humble domestique Virginie Vaslin, devenue Mère Marie Sainte-Claire, fondatrice des Franciscaines Servantes de Marie.

MAISONS

DES

Franciscaines Servantes de Marie

1853. — Blois, depuis 1869, 25, rue du Puits-Châtel. — Œuvre des domestiques, des pensionnaires, gardes-malades.

1855. — Le Mans, 34, rue Saint-Vincent. — Œuvre des domestiques, des pensionnaires, gardes-malades.

1859. — Tours, 32, rue Colbert. — Domestiques, pensionnaires, gardes-malades, dispensaire de l'Enfant-Jésus, ouvroir des dames.

1861. — Bourges, rue Béthune-Charrost. — Œuvre des domestiques, des pensionnaires, des gardes-malades. — Clinique rue Carnot.

1869. — La Chapelle-Gaugain (Sarthe). — Vieillards, épileptiques.

1874. — Brest, 11, rue de la Mairie. — Œuvres des domestiques, des pensionnaires, gardes-malades.

1877. — ROUEN, rue de Joyeuse. — Œuvres des domestiques, des pensionnaires, ouvroir, asile de nuit pour les femmes, gardes-malades.

? ROUEN, 10, rue Nicolas-Ménager, près de l'église de Saint-Gervais. — Œuvre des pensionnaires, des malades, gardes-malades.

? LE HAVRE, 6, rue Gustave-Cazavan. — Œuvres des domestiques, des pensionnaires, des malades, gardes-malades.

? PAVILLY (Seine-Inférieure). — Orphelinat Sainte-Austreberte, gardes-malades, pensionnaires, catéchisme aux enfants de la paroisse.

1885. — BESSÉ (Sarthe). — Pensionnaires, gardes-malades.

1896. — BLOIS, SAINT-ANTOINE MAISON-MÈRE, boulevard Eugène-Riffault, 11. — Noviciat.

1901. — BLOIS. — Clinique, route de Paris.

1891. — ROMORANTIN. — Pensionnaires, gardes-malades.

1893. — PETIT-QUEVILLY, près Rouen. — Gardes-malades, œuvre des enfants pour la première communion.

1894. — ROUEN, rue Georges-d'Amboise. —

Pensionnaires, gardes-malades, asile de nuit pour les femmes.

1900. — SAINT-AIGNAN. — Soins de l'église, gardes-malades, œuvres de la paroisse.

1900. — MONTRICHARD. — Gardes-malades.

1903. — TOURNAI (Belgique). — Gardes-malades.

TABLE DES MATIÈRES

I. — L'enfance et la vocation 1
II. — Premiers débuts. — Premières épreuves. . 14
III. — Projet d'expansion. — Nouvelles épreuves. 32
IV. — Les premiers vœux. 42
V. — Le Mans. 52
VI. — La Communauté. — Le Noviciat. — L'Œuvre des domestiques 70
VII. — La Règle du Tiers-Ordre régulier de Saint-François. 89
VIII. — Tours 105
IX. — Bourges. 118
X. — Premier Chapitre. — Première maison. — La guerre de 1870. 124
XI. — La Chapelle-Gaugain. — En face de l'Éternité. 136
CONCLUSION. 151

Paris. — J. Mersch, imp., 4 bis, Av. de Châtillon. — 97.

www.ingramcontent.com/pod-product-compliance
Ingram Content Group UK Ltd.
Pitfield, Milton Keynes, MK11 3LW, UK
UKHW020251180726
13839UKWH00001B/295